AF477256

Pedro Calderón de la Barca

Amar después de la muerte

Barcelona **2024**
Linkgua-ediciones.com

Créditos

Título original: Amar después de la muerte.

© 2024, Red ediciones S.L.

e-mail: info@linkgua.com

Diseño de cubierta: Michel Mallard.

ISBN tapa dura: 978-84-1126-274-3.
ISBN rústica: 978-84-9816-394-0.
ISBN ebook: 978-84-9897-008-1.

Sumario

Brevísima presentación

La vida

Pedro Calderón de la Barca (Madrid, 1600-Madrid, 1681). España.

Su padre era noble y escribano en el consejo de hacienda del rey. Se educó en el colegio imperial de los jesuitas y más tarde entró en las universidades de Alcalá y Salamanca, aunque no se sabe si llegó a graduarse.

Tuvo una juventud turbulenta. Incluso se le acusa de la muerte de algunos de sus enemigos. En 1621 se negó a ser sacerdote, y poco después, en 1623, empezó a escribir y estrenar obras de teatro. Escribió más de ciento veinte, otra docena larga en colaboración y alrededor de setenta autos sacramentales. Sus primeros estrenos fueron en corrales.

Entre 1635 y 1637, Calderón de la Barca fue nombrado caballero de la Orden de Santiago. Por entonces publicó veinticuatro comedias en dos volúmenes y La vida es sueño (1636), su obra más célebre. En la década siguiente vivió en Cataluña y, entre 1640 y 1642, combatió con las tropas castellanas. Sin embargo, su salud se quebrantó y abandonó la vida militar. Entre 1647 y 1649 la muerte de la reina y después la del príncipe heredero provocaron el cierre de los teatros, por lo que Calderón tuvo que limitarse a escribir autos sacramentales.

Calderón murió mientras trabajaba en una comedia dedicada a la reina María Luisa, mujer de Carlos II el Hechizado. Su hermanó José, hombre pendenciero, fue uno de sus editores más fieles.

Amar después de la muerte es una historia de amor inspirada en un tema morisco y ambientada en las Alpujarras y Granada. El mundo islámico es presentado aquí con respeto y, en cierto modo, con nostalgia. El Tuzaní es un personaje histórico, acusado de organizar la huida de los moriscos de Tíola y de matar en duelo a un cristiano en venganza por la muerte de su amada. El Tuzaní, que acabó sus días siendo cristiano, es un personaje emblemático de la España de la Reconquista.

Personajes

Alcuzcuz, morisco
Beatriz, criada
Cadí, morisco viejo
Don Alonso de Zúñiga, corregidor
Don Álvaro Tuzaní
Don Fernando de Válor
Don Juan de Mendoza
Don Juan Malec, viejo
Don Lope de Figueroa
Doña Clara Malec
Doña Isabel Tuzaní
El señor don Juan de Austria
Garcés, soldado
Inés, criada
Moriscos y moriscas
Soldados cristianos
Soldados moriscos
Un criado

Jornada primera

Sala en casa de Cadí, en Granada.

Moriscos, con casaquillas y calzoncillos, y moriscas con jubones blancos e instrumentos; Cadí y Alcuzcuz.

Cadí	¿Están cerradas las puertas?

Alcuzcuz	Ya el portas estar cerradas.

Cadí

No entre nadie sin la seña
y prosígase la zambra.
Celebremos nuestro día,   5
que es el viernes, a la usanza
de nuestra nación, sin que
pueda esta gente cristiana,
entre quien vivimos hoy
presos en miseria tanta,   10
calumniar ni reprender
nuestras ceremonias.

Todos   Vaya.

Alcuzcuz

Me pensar hacer astilias,
sé también entrar en danza.

Uno (Canta.)

Aunque en triste cautiverio,   15
de Alá por justo misterio,
llore el africano imperio
su mísera ley esquiva...

Todos (Cantando.) ¡Su ley viva!

Uno   Viva la memoria extraña   20
             de aquella gloriosa hazaña
             que en la libertad de España
             a España tuvo cautiva.

Todos   Su ley viva.

Alcuzcuz (Cantando.) Viva aquel escaramuza   25
             que hacer el jarife Muza,
             cuando darle en caperuza
             al españolilio antigua.

Todos   ¡Su ley viva!

(Llaman dentro muy recio.)

Cadí   ¿Qué es esto?

Uno   Las puertas rompen.   30

Cadí   Sin duda cogernos tratan
             en nuestras juntas; que como
             el rey por edictos manda
             que se veden, la justicia,
             viendo entrar en esta casa   35
             a tantos moriscos, viene
             siguiéndonos.

(Llaman.)

Alcuzcuz   Pues ya escampa.

Don Juan Malec. Dichos.

Malec (Dentro.)	Cómo os tardáis en abrir a quien desta suerte llama?	
Alcuzcuz	En vano llama a la puerta quien no ha llamado en el alma.	40
Uno	¿Qué haremos?	
Cadí	Esconder todos los instrumentos, y abran diciendo que solo a verme vinisteis.	
Otro	Muy bien lo trazas.	45
Cadí	Pues todos disimulemos. Alcuzcuz, corre: ¿qué aguardas?	
Alcuzcuz	Al abrir del porta, temo que ha de darme con la estaca cien palos el alguacil en barriga, e ser desgracia que en barriga de Alcuzcuz el leña, y no alcuzcuz haya.	50

(Abre Alcuzcuz, y sale Don Juan Malec.)

| Malec | No os receléis. | |
| Cadí | Pues, señor
don Juan, cuya sangre clara
de Malec os pudo hacer
veinticuatro de Granada,
aunque de africano origen, | 55 |

ivos desta suerte en mi casa!

Malec
Y no con poca ocasión   60
hoy vengo buscándôs: basta
deciros que a ella me traen
arrastrando mis desgracias.

Cadí (Aparte a los moriscos.)
Él sin duda a reprendernos
viene.

Alcuzcuz
Eso no perder nada.   65
¿Prender no fuera peor
que reprender?

Cadí
¿Qué nos mandas?

Malec
Reportaos todos, amigos,
del susto que el verme os causa.
Hoy entrando en el cabildo,   70
envió desde la sala
del rey Felipe segundo
el presidente una carta,
para que la ejecución
de lo que por ella manda,   75
de la ciudad quede a cuenta.
Abrióse, empezó en voz alta
a leerla el secretario
del cabildo; y todas cuantas
instrucciones contenía,   80
todas eran ordenadas
en vuestro agravio. ¡Qué bien
pareja del tiempo llaman
a la fortuna, pues ambos

sobre una rueda y dos alas,   85
para el bien o para el mal
corren siempre y nunca paran!
Las condiciones, pues, eran
algunas de las pasadas
y otras nuevas que venían   90
escritas con más instancia,
en razón de que ninguno
de la nación africana,
que hoy es caduca ceniza
de aquella invencible llama   95
en que ardió España, pudiese
tener fiestas, hacer zambras,
vestir sedas, verse en baños,
ni oírse en alguna casa
hablar en su algarabía,   100
sino en lengua castellana.
Yo, que por el más antiguo,
el primero me tocaba
hablar, dije que aunque era
ley justa y prevención santa   105
ir haciendo poco a poco
de la costumbre africana
olvido, no era razón
que fuese con furia tanta;
y así, que se procediese   110
en el caso con templanza,
porque la violencia sobra
donde la costumbre falta.
Don Juan, don Juan de Mendoza,
deudo de la ilustre casa   115
del gran marqués de Mondéjar,
dijo entonces: «Don Juan habla
apasionado, porque

naturaleza le llama
a que mire por los suyos,   120
y así, remite y dilata
el castigo a los moriscos,
gente vil, humilde y baja.
Señor don Juan de Mendoza
(dije) cuando estuvo España   125
en la opresión de los moros
cautiva en su propia patria,
los cristianos, que mezclados
con los árabes estaban,
que hoy mozárabes se dicen,   130
no se ofenden, ni se infaman
de haberlo estado, porque
más engrandece y ensalza
la fortuna al padecerla
a veces, que al dominarla.   135
Y en cuanto a que son humildes,
gente abatida y esclava,
los que fueron caballeros
moros no debieron nada
a caballeros cristianos   140
el día que con el agua
del bautismo recibieron
su fe católica y santa;
mayormente los que tienen,
como yo, de reyes tanta.   145
Sí; pero de reyes moros,
dijo. Como si dejara
de ser real, le respondí,
por mora, siendo cristiana
la de Valores, Cegríes,   150
de Venegas y Granadas.»
De una palabra a otra, en fin,

como entramos sin espadas,
unos y otros se empeñaron...
¡Mal haya ocasión, mal haya,   155
sin espadas y con lenguas,
que son las peores armas,
pues una herida mejor
se cura que una palabra!
Alguna acaso le dije   160
que obligase a su arrogancia
a que (aquí tiemblo al decirlo)
tomándome (¡pena extraña!)
el báculo de las manos,
con él... pero hasta esto basta;   165
que hay cosas que cuesta más
el decirlas que el pasarlas.
Este agravio que en defensa,
esta ofensa que en demanda
vuestra a mí me ha sucedido,   170
a todos juntos alcanza,
pues no tengo un hijo yo
que desagravie mis canas,
sino una hija, consuelo
que aflige más que descansa.   175
Ea, valientes moriscos,
noble reliquia africana,
los cristianos solamente
haceros esclavos tratan;
la Alpujarra (aquesa sierra   130
que al Sol la cerviz levanta,
y que poblada de villas,
es mar de peñas y plantas,
adonde sus poblaciones
ondas navegan de plata,   ˙85
por quien nombres las pusieron

de Galera, Berja y Gavia)
toda es nuestra: retiremos
a ella bastimentos y armas.
Elegid una cabeza   190
de la antigua estirpe clara
de vuestros Abenhumeyas,
pues hay en Castilla tantas,
y haceos señores, de esclavos;
que yo, a costa de mis ansias,   195
iré persuadiendo a todos
que es bajeza, que es infamia
que a todos toque mi agravio,
y no a todos mi venganza.

Cadí   Yo para el hecho que intentas...   200

Otro   Yo para la acción que trazas...

Cadí   Mi vida y mi hacienda ofrezco.

Otro   Ofrezco mi vida y alma.

Uno   Todos decimos lo mismo.

Una morisca   Y yo en el nombre de cuantas   205
                moriscas Granada tiene,
                ofrezco joyas y galas.

(Vanse Malec y varios moriscos.)

Alcuzcuz   Me, que solo tener una
                tendecilla en Vevarambla
                de aceite, vinagre e higos,   210
                nueces, almendras e pasas,

cebolias, ajos, pimentos,
cintas, escobas de palma,
hilo, agujas, faldriqueras
con papel blanco e de estraza,   215
alcamonios, agujetas
de perro, tabaco, varas,
caniones para hacer plumas,
hostios para cerrar cartas,
ofrecer lievarla a cuestas   220
con todas sus zarandajas,
porque me he de ver, si llegan
a colmo mis esperanzas,
de todos los Alcuzcuzes
marqués, conde o duque.

Uno   Calla,   225
que estás loco.

Alcuzcuz   No estar loco.

Otro   Si no loco, es cosa clara
que estás borracho.

Alcuzcuz   No estar,
que jonior Mahoma manda
en su alacran no beber   230
vino, y en mi vida nada
lo he bebido... por los ojos;
que si alguna vez me agrada,
por no quebrar el costumbre,
me lo bebo por la barba.   235

(Vanse.)

Sala en casa de Malec.

Doña Clara, Beatriz.

Doña Clara   Déjame, Beatriz, llorar
en tantas penas y enojos;
débanles algo a mis ojos
mi desdicha y mi pesar.
Ya que no puedo matar   240
a quien llegó a deslucir
mi honor, déjame sentir
las afrentas que le heredo,
pues ya que matar no puedo,
pueda a lo menos morir.   245
¡Qué baja naturaleza
con nosotras se mostró,
pues cuando mucho, nos dio
un ingenio, una belleza
adonde el honor tropieza,   250
mas no donde pueda estar
seguro! ¿Qué más pesar,
si a padre y marido vemos
que quitar su honor podemos,
y no le podemos dar?   255
Si hubiera varón nacido,
Granada y el mundo viera
hoy, si con un joven era
tan soberbio y atrevido
el Mendoza, como ha sido   260
con un viejo... Y por hacer
estoy que llegue a entender
que no por mujer le dejo;
pues quien riñó con un viejo,
podrá con una mujer.   265

Pero es loca mi esperanza.
Esto es solamente hablar.
¡Oh si pudiera llegar
a mis manos mi venganza!
Y mayor pena me alcanza   270
verme ¡ay infelice! así,
porque en un día perdí
padre y esposo, pues ya
por mujer no me querrá
don Álvaro Tuzaní.   275

Don Álvaro. Doña Clara, Beatriz.

Don Álvaro   Por mal agüero he tenido,
                    cuando ya en nada repara
                    mi amor, haber, bella Clara,
                    mi nombre en tu boca oído;
                    porque si la voz ha sido   280
                    eco del pecho, sospecho
                    que él, que en lágrimas deshecho
                    está, sus penas dirá:
                    luego soy tu pena ya,
                    pues que me arrojas del pecho.   285

Doña Clara   No puedo negar que llena
                    de penas el alma esté,
                    y andas tú en ellas, porque
                    no eres tú mi menor pena.
                    De ti el cielo me enajena: 290
                    ¡Mira si eres la mayor!
                    Porque es tan grande mi amor,
                    que tu mujer no he de ser,
                    porque no tengas mujer
                    tú, de un padre sin honor.   295

Don Álvaro   Clara, no quiero acordarte
                    cuánto respeto he tenido
                    a tu amor, y cuánto ha sido
                    mi respeto en adorarte;
                    solo quiero en esta parte   300
                    disculparme de que así
                    haya entrado hoy hasta aquí,
                    antes de haberte vengado;
                    porque haberlo dilatado
                    es lo más que hago por ti.   305
                    Que aunque en las leyes del duelo
                    con mujer no se ha de hablar,
                    y aunque puedo consolar
                    tu pena y tu desconsuelo
                    con decir a tu desvelo   310
                    que no llore y que no sienta;
                    porque la acción que se intenta
                    sin espada (mayormente
                    cuando hay justicia presente)
                    ni agravia, ofende ni afrenta;   315
                    de uno ni otro me aprovecho,
                    mas de otra disculpa sí,
                    y es decir que entrarme aquí
                    antes de haber satisfecho
                    (pasando al Mendoza el pecho)   320
                    a tu padre, acción ha sido
                    cuerda; porque recibido
                    está que no se vengó
                    bien del ofensor, si no
                    le dio muerte el ofendido,   325
                    si no es que su hijo sea
                    o sea su hermano menor:
                    y así, para que su honor

hoy imposible no vea
la venganza que desea,   330
una fineza he de hacer,
que es pedirte por mujer
a don Juan: y así, colijo
que en siendo una vez su hijo,
le podré satisfacer.   335
Solo a esto, Clara, he venido;
y si me tuvo hasta aquí
cobarde en pedirte así,
haber tan pobre nacido;
hoy que esto le ha sucedido,   340
solo le pida mi labio
su agravio en dote: y es sabio
acuerdo dármele, pues
ya sabe el mundo que es
dote de un pobre un agravio.   345

Doña Clara   Ni yo, don Álvaro, espero
acordarte, cuando lloro,
la verdad con que te adoro
y la fe con que te quiero.
No intento decir que muero   350
hoy, dos veces ofendida,
no que a tu afición rendida,
no que en amorosa calma
eres vida de mi alma
y eres alma de mi vida;   355
que solo dar a entender
quiero en confusión tan brava,
que quien fuera ayer tu esclava,
hoy no será tu mujer;
porque si cobarde ayer   360
no me pediste, y hoy sí,

no quiero yo que de ti,
murmurando el mundo, arguya
que para ser mujer tuya,
hubo que suplir en mí.   365
Rica y honrada pensé
yo que aún no te merecía;
mas como era dicha mía,
solamente lo dudé:
Mira cómo hoy te daré   370
en vez de favor castigo,
haciendo al mundo testigo
que fue menester, señor,
que me hallases sin honor
para casarte conmigo.   375

Don Álvaro   Yo lo intento por vengarte.

Doña Clara   Yo lo excuso por temerte.

Don Álvaro   Esto, Clara, ¿no es quererte?

Doña Clara   ¿No es esto, Álvaro, estimarte?

Don Álvaro   No has de poder excusarte...   380

Doña Clara   Darme la muerte podré.

Don Álvaro   Que yo a don Juan le diré
                 mi amor.

Doña Clara   Diré que es error.

Don Álvaro   Y eso ¿es lealtad?

Doña Clara   Es honor.

Don Álvaro   Y eso ¿es fineza?   .

Doña Clara   Esto es fe;   385
                    pues a los cielos les juro
                    de no ser de otro mujer,
                    como mi honor llegue a ver
                    de toda excepción seguro.
                    Solo esto lograr procuro.   390

Don Álvaro   ¿Qué importa si...?

Beatriz   Mi señor
                    sube por el corredor
                    con mucho acompañamiento.

Doña Clara   Retírate a este aposento.

Don Álvaro   ¡Qué desdicha!

Doña Clara   ¡Qué rigor!   395

(Vanse Don Álvaro y Beatriz.)

Don Alonso de Zúñiga, Don Fernando de Válor y Don Juan Malec. Doña Clara;
Don Álvaro, oculto.

Malec   Clara...

Doña Clara   Señor...

Malec   (Aparte. ¡Ay de mí!
                    ¡Con cuánta pena te encuentro!)

Éntrate, Clara, allá dentro.

Doña Clara (Aparte a su padre.)
                        ¿Qué es esto?

Malec   Oye desde ahí.

(Vase Doña Clara al cuarto donde está Don Álvaro, quedándose tras la puerta
entreabierta.)

Don Alonso   Don Juan de Mendoza preso   400
                    queda en el Alhambra ya;
                    y así preciso será,
                    en tanto que este suceso
                    se compone, que lo estéis
                    vos en vuestra casa.

Malec   Aceto   405
                    la carcelería, y prometo
                    guardarla.

Válor   No lo estaréis
                    mucho; que pues me ha dejado
                    el señor corregidor
                    (porque en el duelo de honor   410
                    nunca la justicia ha entrado)
                    a mí hacer las amistades,
                    yo las haré, procurando
                    el fin.

Don Alonso   Señor don Fernando
                    de Válor, con dos verdades   415
                    se sanea una malicia;
                    pues que no hay agravio, es ley,

ni en el palacio del rey
ni en tribunal de justicia.
Todos lo somos allí,   420
y allí no le puede haber.

Válor   El medio pues ha de ser
             éste...

Don Álvaro (Aparte a doña Clara.)
                 ¿Óyeslo todo?

Doña Clara   Sí.

Válor   Que en este caso no hay medio
             que le sanee mejor.   425
             Escuchadme.

Malec   ¡Ay del honor
             que se cura con remedio!

Válor   Don Juan de Mendoza es
             tan bizarro caballero
             como ilustre, está soltero,   430
             y don Juan de Malec, pues,
             en quien sangre ilustre dura
             de los reyes de Granada,
             tiene una hija celebrada
             por su ingenio y su hermosura.   435
             A nadie toca tomar,
             si satisfacción desea,
             la causa, sino a quien sea
             su yerno. Pues con casar
             a don Juan con doña Clara,   440
             estará cierto...

Don Álvaro   (Aparte.) ¡Ay de mí!

Válor   Que no pudiendo por sí
                      vengarse la ofensa rara,
                      pues habiendo a un tiempo sido
                      interesado en su honor,   445
                      como tercero ofensor,
                      y como su hijo ofendido;
                      en no teniendo de quien
                      estar ofendido pueda,
                      por la misma razón queda   450
                      seguro. Don Juan también,
                      no habiendo de darse muerte
                      a sí mismo en tanto abismo,
                      vendrá a tener en sí mismo
                      su mismo agravio: de suerte   455
                      que no pudiendo agraviarse
                      un hombre a sí, haciendo sabio
                      dueño a don Juan del agravio,
                      no tiene de quien vengarse,
                      y queda limpio el honor   460
                      de los dos, pues en efeto
                      no caben en un sujeto
                      ofendido y ofensor.

Don Álvaro (Aparte a doña Clara.)
                      Yo responderé.

Doña Clara   Detente,
                      no me destruyas, por Dios.   465

Don Alonso   Eso está bien a los dos.

Malec   Hay mayor inconveniente,
                                   pues toda nuestra esperanza
                                   que Clara deshaga entiendo...

Doña Clara (Aparte.)   El cielo me va trayendo   470
                                   a las manos la venganza.

Malec   Que mi hija, no sabré
                                   si hombre que aborreció ya
                                   con tanta ocasión, querrá
                                   por marido.

(Sale Doña Clara.)

Doña Clara   Sí querré;   475
                                   que importa menos, señor,
                                   si aquí tu opinión estriba,
                                   que yo sin contento viva,
                                   que vivir tú sin honor.
                                   Porque si fuera tu hijo,   480
                                   la ira me estaba llamando,
                                   bien muriendo o bien matando;
                                   y siendo tu hija, colijo
                                   que en el modo que pudiere
                                   te debo satisfacer,   485
                                   y así, seré su mujer:
                                   de cuyo efecto se infiere
                                   que estoy tu honor defendiendo,
                                   que estoy tu fama buscando.
(Aparte.)   Y pues no puedo matando,   490
                                   quiero vengarte muriendo.)

Don Alonso   Vuestro ingenio solo pudo
                                   en un concepto cifrar

conclusión tan singular.

Válor   Y ya el efecto no dudo.   495
                                Escríbase en un papel
                                esto que aquí se trató,
                                para que le lleve yo.

Don Alonso   Ambos iremos con él.

Malec (Aparte.)   Quiero usar de aqueste medio,   500
                                mientras empieza el motín.

Válor   Todo esto tendrá buen fin,
                                pues estoy yo de por medio.

(Vanse los tres.)

Doña Clara   Ahora que a un aposento
                                se han retirado a escribir,   505
                                podrás, Álvaro, salir.

Don Álvaro. Doña Clara.

Don Álvaro   Sí haré, sí haré, y con intento
                                de no volver a ver más
                                alma tan mudable en pecho
                                tan noble; y el no haber hecho,   510
                                cuando la muerte me das,
                                un notable extremo aquí,
                                no fue respeto, no fue
                                temor, gusto sí, porque
                                mujer tan baja...

Doña Clara   ¡Ay de mí!   515

Don Álvaro	Que a un tiempo, con vil intento,
	fe injusta, estilo liviano,
	ofrece a un hombre la mano
	y a otro tiene en su aposento,
	no me está bien que se diga 520
	que nunca la quise bien.

Don Álvaro   Que a un tiempo, con vil intento,
              fe injusta, estilo liviano,
              ofrece a un hombre la mano
              y a otro tiene en su aposento,
              no me está bien que se diga   520
              que nunca la quise bien.

Doña Clara   La voz, Álvaro, detén,
              a que un engaño te obliga;
              que yo te satisfaré
              con el tiempo.

Don Álvaro   Éstas no son   525
              cosas de satisfacción.

Doña Clara   Podrán serlo.

Don Álvaro   ¿No escuché
              yo que la mano darías
              hoy al de Mendoza?

Doña Clara   Sí;
              pero no sabes de mí   530
              el fin de las ansias mías.

Don Álvaro   ¿Qué fin? Darme muerte. Advierte
              si hay disculpa que te cuadre,
              pues él agravió a tu padre
              y a mí me ha dado la muerte.   535

Doña Clara   El tiempo, Álvaro, podrá
              desengañarte algún día
              que es constante la fe mía,

y que esta mudanza está
tan de tu parte...

Don Álvaro   ¿Quién vio   540
tan sutil engaño? Dí,
¿no le das la mano?

Doña Clara   Sí.

Don Álvaro   ¿No has de ser su mujer?

Doña Clara   No.

Don Álvaro   Pues ¿qué medio puede haber...

Doña Clara   No me preguntes en vano.   545

Don Álvaro   Clara, entre darle la mano
y entre no ser su mujer?

Doña Clara   Darle la mano, quizá
será traerle a mis brazos,
con que le he de hacer pedazos.   550
¿Estás satisfecho ya?

Don Álvaro   No; que si él muere en tus lazos,
dejará ¡ay Dios! al morir
muy desvalido el vivir,
porque son, Clara, tus brazos   555
para verdugos muy bellos.
Pero antes que (ya que sea
ése tu intento) él se vea
ni aun para morir en ellos,
curaré de mis desvelos   560

yo con su muerte el rigor.

Doña Clara   Eso ¿es amor?

Don Álvaro   Es honor.

Doña Clara   Esa ¿es fineza?

Don Álvaro   Son celos.

Doña Clara   Mira, mi padre escribió.
¡Quién detenerte pudiera!   565

Don Álvaro   ¡Qué poco menester fuera
para detenerme yo!

(Vanse.)

Sala en la Alhambra.

Don Juan de Mendoza, Garcés.

Mendoza   Nunca en razón la cólera consiste.

Garcés   No te disculpes. ¡Qué! Muy bien hiciste
en ponerle la mano;   570
que no por viejo el que es nuevo cristiano
piense que inmunidad el serlo goza
de atreverse a un González de Mendoza.

Mendoza   Hay mil hombres que en fe de sus estados
son soberbios, altivos y arrojados.   575

Garcés   Para aquestos traía el condestable

don Íñigo (el acuerdo era admirable)
en la cinta una espada,
y otra que le servía de cayada.
Preguntándole un día,   580
que dos espadas a qué fin traía,
dijo: «La de la cinta se prefiere
para aquel que en la cinta la trajere;
estotra, que de palo me ha servido,
para quien no la trae y es atrevido.»   585

Mendoza   Muy bien mostró deber los caballeros
                 traer para dos acciones dos aceros.
                 Ya que el triunfo ha salido
                 de espadas, dame aquesa que has traído,
                 porque a cualquier suceso   590
                 no me halle sin espada, aunque esté preso.

Garcés   Yo me agradezco haber la vuelta dado
                 hoy a tu casa en tiempo que a tu lado
                 puedo servirte, si enemigos tienes.

Mendoza   Y ¿cómo de Lepanto, Garcés, vienes?   595

Garcés   Como quien ha tenido
                 fortuna de haber sido
                 en ocasión soldado,
                 que haya en facción tan grande militado
                 debajo de la mano y disciplina   600
                 del hijo de aquel águila divina,
                 que en vuelo infatigable y sin segundo
                 debajo de sus alas tuvo al mundo.

Mendoza   ¿Cómo el señor don Juan llegó?

Garcés   Contento
              de la empresa.

Mendoza   ¿Fue grande?

Garcés   Escucha atento.   605
              Con la liga...

Mendoza   Detente, porque ha entrado
              tapada una mujer.

Garcés   Soy dedichado,
              pues a quínola puesto de romance,
              me entra figura con que pierdo el lance.

Doña Isabel Tuzaní, tapada. Dichos.

Doña Isabel   Señor don Juan de Mendoza,   610
              ¿podrá una mujer que viene
              a veros en la prisión,
              saber de vos solamente
              cómo en la prisión os va?

Mendoza   Pues ¿por qué no? —Garcés, vete.   615

Garcés   Mira, señor, que no sea...

Mendoza   En vano dudas y temes;
              que ya el habla he conocido.

Garcés   Por eso me voy.

Mendoza   Bien puedes.

(Vase Garcés.)

Doña Isabel, Don Juan de Mendoza.

Mendoza

En igual duda los ojos   620
y los oídos me tienen,
porque de los dos no sé
cuál dijo verdad o miente:
porque si a los ojos creo,
no pareces tú lo que eres;   625
y si creo a los oídos,
no eres tú lo que pareces.
Merezca pues ver corrida
la sutil nube aparente
del negro cendal, porque   630
si una vez la luz la vence,
digan mis ojos y oídos
que hoy amaneció dos veces.

Doña Isabel

Por no obligaros, don Juan,
a que dudéis más quién puede   635
ser quien os busca, es razón
descubrirme; que no quieren
mis celos que adivinéis
a quién la fineza deben.
Yo soy...

Mendoza

              ¡Isabel, señora!   640
Pues ¡tú en mi cas, y tú en este
traje, fuera de la tuya!
¡Tú a buscarme desta suerte!
¿Cómo era posible, cómo
que vanas dichas creyese?   645
Luego fue fuerza dudarlas.

Doña Isabel	Apenas cuanto sucede
	supe, y que aquí estabas preso,
	cuando mi amor no consiente
	más dilación en buscarte;	650
	y antes que a casa volviese
	don Álvaro Tuzaní
	mi hermano, he venido a verte
	con una criada sola
	(mira ya lo que me debes)	655
	que a la puerta dejo.

Mendoza	Pueden
	hoy con aquesta fineza,
	Isabel, desvanecerse
	las desdichas, pues por ellas...

Inés, con manto, asustada. Dichos.

| Inés | ¡Ay, señora! |

| Doña Isabel | Inés, ¿qué tienes? | 660 |

| Inés | Don Álvaro mi señor |
| | viene aquí. |

Doña Isabel	¿Si conocerme
	pudo, aunque tan disfrazada
	vine?

| Mendoza | ¡Qué lance tan fuerte! |

| Doña Isabel | Si me siguió, yo soy muerta. | 665 |

Mendoza   Si estás conmigo, ¿qué temes?
                                Éntrate en aquesa sala
                                y cierra; que aunque él intente
                                hallarte, no te hallará,
                                si antes no me da la muerte.   670

Doña Isabel   En grande peligro estoy.
                                ¡Valedme, cielos, valedme!

(Escóndense las dos.)

Don Álvaro. Don Juan de Mendoza; Doña Isabel, escondida.

Don Álvaro   Señor don Juan de Mendoza,
                                hablar con vos me conviene
                                a solas.

Mendoza   Pues solo estoy.   675

Doña Isabel (Aparte al paño.)
                                ¡Qué descolorido viene!

Don Álvaro (Aparte.)   Pues cerraré aquesa puerta.

Mendoza   Cerradla.
(Aparte.)   ¡Buen lance es éste!)

Don Álvaro   Ya pues que cerrada está,
                                escuchadme atentamente.   680
                                En una conversación
                                supe ahora cómo vienen
                                a buscaros...

Mendoza   Es verdad.

Don Álvaro   A esta prisión...

Mendoza   Y no os mienten.

Don Álvaro   Quien con el alma y la vida   685
                            en aquesta acción me ofende.

Doña Isabel (Aparte al paño.)
                            ¿Qué más se ha de declarar?

Mendoza (Aparte.)   ¡Cielos!, ya no hay quien espere.

Don Álvaro   Y así, he querido llegar
                            (antes que los otros lleguen,   690
                            queriendo efectuar con esto
                            amistades indecentes)
                            en defensa de mi honor.

Mendoza   Eso mi ingenio no entiende.

Don Álvaro   Pues yo me declararé.   695

Doña Isabel (Aparte al paño.)
                            Otra vez mi pecho aliente;
                            que no soy yo la que busca.

Don Álvaro   El corregidor pretende,
                            con don Fernando de Válor,
                            de don Juan Malec pariente,   700
                            hacer estas amistades,
                            y a mí solo me compete
                            estorbarlas. La razón,
                            aunque muchas darse pueden,

yo dárosla a vos no quiero;   705
y en fin, sea lo que fuere,
yo vengo a saber de vos,
por capricho solamente,
si es valiente con un joven
quien con un viejo es valiente.   710
Y en efecto, vengo solo
a darme con vos la muerte.

Mendoza   Merced me hubiérades hecho
en decirme brevemente
lo que pretendéis, porque   715
juzgué, confuso mil veces,
que era otra la ocasión
de más cuidado, porque ese
no es cuidado para mí.
Y puesto que no se debe   720
rehusar reñir con cualquiera
que reñir conmigo quiere;
antes que esas amistades
que decís que tratan, lleguen,
y que os importa estorbarlas   725
por la ocasión que quisiereis,
sacad la espada.

Don Álvaro   A eso vengo;
que me importa daros muerte
más presto que vos pensáis.

Mendoza   Pues campo bien solo es éste.   730

(Riñen.)

Doña Isabel (Aparte al paño.)

De una confusión en otra,
más desdichas me suceden.
¿Quién a su amante y su hermano
vio reñir, sin que pudiese
estorbarlo?

Mendoza (Aparte.)   ¡Qué valor   735

Don Álvaro (Aparte.)   ¡Qué destreza!

Doña Isabel (Aparte al paño.)
                              ¿Qué he de hacerme?
                       Que veo jugar a dos,
                       Y deseo entrambas suertes,
                       porque van ambos por mí,
                       si me ganan o me pierden...   74C

(Tropezando en una silla, cae Don Álvaro; sale Doña Isabel tapada y detiene
a Don Juan.)

Don Álvaro   Tropezando en esta silla,
                       he caído.

Doña Isabel   ¡Don Juan, tente!
(Aparte.)   Pero ¿qué hago? El afecto
                       me arrebató desta suerte.) (Retírase.)

Don Álvaro   Mal hicisteis en callarme   745
                       que estaba aquí dentro gente.

Mendoza   Si a daros la vida estaba,
                       no os quejéis; que más parece
                       que estar conmigo, reñir
                       con dos, si a ampararos viene.   750

Aunque hizo mal, porque yo
de caballero las leyes
sé también; que habiendo visto
que el caer es accidente,
os dejara levantar.   755

Don Álvaro   Ya tengo que agradecerle
dos cosas a aquesa dama:
que a darme la vida llegue,
y llegue antes que de vos
la reciba, porque quede,   760
sin aquesta obligación,
capaz mi enojo valiente
para volver a reñir.

Mendoza   ¿Quién, don Álvaro, os detiene?

(Riñen.)

Doña Isabel (Aparte al paño.)
                    ¡Oh, quién pudiera dar voces!   765

(Llaman dentro a la puerta.)

Don Álvaro   A la puerta llama gente.

Mendoza   ¿Qué haremos?

Don Álvaro   Que muera el uno
y abra luego el que viviere.

Mendoza   Decís bien.

Doña Isabel (Saliendo.)

                              Primero yo
                    abriré, porque ellos entren.   770

Don Álvaro   No abráis.

Mendoza   No abráis.

(Abre Doña Isabel.)

Don Fernando de Válor, Don Alonso; después, Inés. Doña Isabel, tapada; Don
Álvaro, Don Juan de Mendoza.

Doña Isabel   Caballeros,
                    los dos que miráis presentes
                    se quieren matar.

Don Alonso   Teneos,
                    porque hallándôs desta suerte
                    riñendo a ellos y aquí a vos,   775
                    se dice bien claramente
                    que sois la causa.

Doña Isabel (Aparte.)   ¡Ay de mí!,
                    que me he entregado a perderme,
                    por donde entendí librarme.

Don Álvaro   Porque en ningún tiempo llegue   780
                    a peligrar una dama
                    a quien mi vida le debe
                    el ser, diré la verdad
                    y la causa que me mueve
                    a este duelo. No es de amor,   785
                    sino que como pariente
                    de don Juan Malec, así

pretendí satisfacerle.

Mendoza   Y es verdad, porque esa dama
                        acaso ha venido a verme.   790

Don Alonso   Pues que con las amistades
                        que ya concertadas tienen,
                        todo cesa, mejor es
                        que todo acabado quede
                        sin sangre, pues vence más   795
                        aquel que sin sangre vence.

(Sale Inés.)

                        Idos, señoras, con Dios.

Doña Isabel (Aparte.)   Solo esto bien me sucede.

(Vanse las dos.)

Don Alonso, Don Álvaro, Don Juan de Mendoza, Don Fernando de Válor.

Válor   Señor don Juan de Mendoza,
                        a vuestros deudos parece   800
                        y a los nuestros, que este caso
                        dentro de puertas se quede
                        (como dicen en Castilla),
                        y que con deudo se suelde,
                        pues dando la mano vos   805
                        a doña Clara, la fénix
                        de Granada, como parte
                        entonces...

Mendoza   La lengua cese,

señor don Fernando Válor;
que hay muchos inconvenientes.   810
Si es el fénix doña Clara,
estarse en Arabia puede;
que en montañas de Castilla
no hemos menester al fénix,
y los hombres como yo   815
no es bien que deudos concierten
por soldar ajenas honras,
ni sé que fuera decente
mezclar Mendozas con sangre
de Malec, pues no convienen   820
ni hacen buena consonancia
los Mendozas y Maleques.

Válor   Don Juan de Malec es hombre...

Mendoza   Como vos.

Válor   Sí, pues desciende
                de los reyes de Granada;   825
                que todos sus ascendientes
                y los míos reyes fueron.

Mendoza   Pues los míos, sin ser reyes,
                fueron más que reyes moros,
                porque fueron montañeses.   830

Don Álvaro   Cuanto el señor don Fernando
                en esta parte dijere,
                defenderé yo en campaña.

Don Alonso   Aquí de ministro cese
                el cargo; que caballero   835

sabré ser cuando conviene;
que soy Zúñiga en Castilla
antes que justicia fuese.
Y así, arrimando esta vara,
adónde y cómo quisiereis,   840
al lado de don Juan, yo
haré...

Un Criado. Dichos.

Criado   En casa se entra gente.

Don Alonso   Pues todos disimulad;
que al cargo mi valor vuelve.
Vos, don Juan, aquí os quedad   845
preso.

Mendoza   A todo os obedece
mi valor.

Don Alonso   Los dos os id.

Mendoza   Y si desto os pareciere
satisfaceros...

Don Alonso   A mí
y a don Juan, donde eligiereis...   850

Mendoza   Nos hallaréis con la espada...

Don Alonso   Y la capa solamente.

(Vase Don Alonso, y Don Juan de Mendoza va acompañándole.)

Válor   ¡Esto consiente mi honor!

Don Álvaro   ¡Esto mi valor consiente!

Válor   Porque me volví cristiano,   855
                             ¿este baldón me sucede?

Don Álvaro   Porque su ley recibí,
                             ¿ya no hay quien de mí se acuerde?

Válor   ¡Vive Dios, que es cobardía
                             que mi venganza no intente!   860

Don Álvaro   ¡Vive el cielo, que es infamia
                             que yo de vengarme deje!

Válor   ¡El cielo me dé ocasión...

Don Álvaro   ¡Ocasión me dé la suerte...

Válor   Que si me la dan los cielos...   865

Don Álvaro   Si el hado me la concede...

Válor   Yo haré que veáis muy presto...

Don Álvaro   Llorar a España mil veces...

Válor   El valor...

Don Álvaro   El ardimiento
                             deste brazo altivo y fuerte...   870

Válor   ¡De los Válores altivos!

Don Álvaro	¡De los Tuzanís valientes!
Válor	¿Habéisme escuchado?
Don Álvaro	Sí.
Válor	Pues de hablar la lengua cese y empiecen a hablar las manos.	875
Don Álvaro	Pues ¿quién dice que no empiecen?

Fin de la segunda jornada

Jornada segunda

Sierra de la Alpujarra. Cercanías de Galera.

Tocan cajas y trompetas, y salen soldados, Don Juan de Mendoza y el señor
Don Juan de Austria.

Don Juan   Rebelada montaña,
cuya inculta aspereza, cuya extraña
altura, cuya fábrica eminente,
con el peso, la máquina y la frente
fatiga todo el suelo,   5
estrecha el aire y embaraza el cielo;
infame ladronera,
que de abortados rayos de tu esfera
das, preñados de escándalos tu senos,
aquí la voz y en África los truenos.   10
Hoy es, hoy es el día
fatal de tu pasada alevosía,
porque vienen conmigo
juntos hoy mi venganza y tu castigo;
si bien corridos vienen   15
de ver el poco aplauso que previenen
los cielos a mi fama;
que esto matar, y no vencer se llama,
porque no son blasones
a mi honor merecidos   20
postrar una canalla de ladrones
ni sujetar un bando de bandidos:
Y así, encargue a los tiempos mi memoria
que la llamo castigo, y no vitoria.
Saber deseo el origen deste ardiente   25
fiero motín.

Mendoza   Pues oye atentamente.
Ésta, austral águila heroica,
es el Alpujarra, ésta
es la rústica muralla,
es la bárbara defensa   30
de los moriscos, que hoy,
mal amparados en ella,
africanos montañeses,
restaurar a España intentan.
Es por su altura difícil,   35
fragosa por su aspereza,
por su sitio inexpugnable
e invencible por sus fuerzas.
Catorce leguas en torno
tiene, y en catorce leguas   40
más de cincuenta que añade
la distancia de las quiebras,
porque entre puntas y puntas
hay valles que la hermosean,
campos que la fertilizan,   45
jardines que la deleitan.
Toda ella está poblada
de villajes y de aldeas;
tal, que cuando el Sol se pone,
a las vislumbres que deja,   50
parecen riscos nacidos
cóncavos entre las breñas,
que rodaron de la cumbre,
aunque a la falda no llegan.
De todas las tres mejores   55
son Berja, Gavia y Galera,
plazas de armas de los tres
que hoy a los demás gobiernan.

Es capaz de treinta mil
moriscos que están en ella,   60
sin las mujeres y niños,
y tienen donde apacientan
gran cantidad de ganados;
si bien los más se sustentan
más que de carnes, de frutas   65
ya silvestres o ya secas,
o de plantas que cultivan;
porque no solo a la tierra,
pero a los peñascos hacen
tributarios de la yerba;   70
que en la agricultura tienen
del estudio, tal destreza,
que a preñeces de su azada
hacen fecundas las piedras.
La causa del rebelión,   75
por si tuve parte en ella,
te suplico que en silencio
la permitas a mi lengua.
Aunque mejor es decir
que fui la causa primera,   80
que no decir que lo fueron
las pragmáticas severas
que tanto los apretaron,
que decir esto me es fuerza
si uno ha de tener la culpa,   85
más vale que yo la tenga.
En fin, sea aquel desaire
la ocasión, señor, o sea
que a Válor al otro día
que sucedió mi pendencia,   90
llegó el alguacil mayor
dél, y le quitó a la puerta

del Ayuntamiento una
daga que traía encubierta;
o sea que ya oprimidos   95
de ver cuánto los aprietan
órdenes que cada día
aquí de la corte llegan,
los desesperó de suerte,
que amotinarse conciertan: 100
para cuyo efecto fueron,
sin que ninguno lo entienda,
bastimento, armas y hacienda.
Tres años tuvo en silencio
esta traición encubierta   105
tanto número de gentes:
cosa que admira y eleva,
que en más de treinta mil hombres
convocados para hacerla,
no hubiera uno que jamás   110
revelara ni dijera
secreto de tantos días.
¡Cuánto ignora, cuánto yerra
el que dice que un secreto
peligra en tres que le sepan!   115
Que en treinta mil no peligra,
como a todos les convenga.
El primer trueno que dio
este rayo que en la esfera
desos peñascos forjaban   120
la traición y la soberbia,
fueron hurtos, fueron muertes,
robos de muchas iglesias,
insultos y sacrilegios
y traiciones, de manera   125
que Granada, dando al cielo

bañada en sangre las quejas,
fue miserable teatro
de desdichas y tragedias.
Preciso acudió al remedio   130
la justicia; pero apenas
se vio atropellada, cuando
toda se puso en defensa:
trocó la vara en acero,
trocó el respeto en la fuerza,   135
y acabó en civil batalla
lo que empezó en resistencia.
Al corregidor mataron:
la ciudad, al daño atenta,
tocó al arma, convocando   140
la milicia de la tierra.
No bastó; que siempre estuvo
(tanto novedades precia)
de su parte la fortuna:
de suerte, que todo era   145
desdichas para nosotros.
¡Qué pesadas y qué necias
son, pues en cuanto porfían,
nunca ha quedado por ellas!
Creció el cuidado en nosotros,   150
creció en ellos la soberbia
y creció en todos el daño,
porque se sabe que esperan
socorro de África, y ya
se ve si el socorro llega,   155
que el defenderle la entrada
es divertirnos la fuerza:
además, que si una vez
pujantes se consideran,
harán los demás moriscos   160

del acaso consecuencia;
pues los de la Extremadura,
los de Castilla y Valencia,
para declararse aguardan
cualquier victoria que tengan.	165
Y para que veáis que son
gente, aunque osada y resuelta,
de políticos estudios,
oíd cómo se gobiernan;
que esto lo habemos sabido	170
de algunas espías presas.
Lo primero que trataron
fue elegir una cabeza;
y aunque sobre esta elección
hubo algunas competencias	175
entre don Fernando Válor
y otro hombre de igual nobleza,
don Álvaro Tuzaní;
don Juan Malec los concierta
con que don Fernando reine,	180
casándose con la bella
doña Isabel Tuzaní,
su hermana. (Aparte. ¡Oh cuánto me pesa
de traer a la memoria
el Tuzaní, a quien respetan,	185
ya que a él no le hicieron rey,
haciendo a su hermana reina!)
Coronado, pues, el Válor,
la primer cosa que ordena,
fue, por oponerse en todo	190
a las pragmáticas nuestras,
o por tener por las suyas
a su gente más contenta,
que ninguno se llamara

nombre cristiano, ni hiciera   195
ceremonia de cristiano:
y porque su ejemplo fuera
el primero, se firmó
el nombre de Abenhumeya,
apellido de los reyes   200
de Córdoba, a quien hereda.
Que ninguno hablar pudiese,
sino en arábiga lengua;
vestir sino traje moro,
ni guardar sino la secta   205
de Mahoma: después desto,
fue repartiendo las fuerzas.
Galera, que es esa villa
que estás mirando primera,
cuyas murallas y fosos   210
labró la naturaleza,
tan singularmente docta,
que no es posible que pueda
ganarse sin mucha sangre,
la dio a Malec en tenencia;   215
a Malec, padre de Clara,
que ya se llama Maleca.
Al Tuzaní le dio a Gavia
la Alta, y él se quedó en Berja,
corazón que vivifica   220
ese gigante de piedra.
Ésa es la disposición
que desde aquí se penetra;
y ésa, señor, la Alpujarra,
cuya bárbara eminencia,   225
para postrarse a tus pies,
parece que se despeña.

Don Juan   Don Juan, vuestras prevenciones
                    son de Mendoza y son vuestras,
                    que es ser dos veces leales.   230

(Tocan dentro.)

                    Pero ¿qué cajas son éstas?

Mendoza   La gente que va llegando,
                    pasando, señor, la muestra.

Don Juan   ¿Qué tropa es ésa?

Mendoza   Ésta es
                    de Granada, y cuanto riega   235
                    el Genil.

Don Juan   ¿Y quién la trae?

Mendoza   Tráela el marqués de Mondéjar,
                    que es el conde de Tendilla,
                    de su Alhambra y de su tierra
                    perpetuo alcaide.

Don Juan   Su nombre   240
                    el moro en África tiembla.

(Tocan.)

                    ¿Cuál es ésta?

Mendoza   La de Murcia.

Don Juan   ¿Y quién es quien la gobierna?

| Mendoza | El gran marqués de los Vélez. | |

| Don Juan | Su fama y sus hechos sean | 245 |
| | corónicas de su nombre. | |

(Tocan.)

Mendoza	Éstos son los de Baeza,	
	y viene por cabo suyo	
	un soldado, a quien debiera	
	hacer estatuas la fama,	250
	como su memoria eterna	
	Sancho de Ávila, señor.	

Don Juan	Por mucho que se encarezca,	
	será poco, si no dice	
	la voz que alabarle intenta,	255
	que es discípulo del duque	
	de Alba, enseñado en su escuela	
	a vencer, no a ser vencido.	

(Tocan.)

Mendoza	Aqueste que ahora llega,	
	el tercio viejo de Flandes	260
	es, que ha bajado a esta empresa	
	desde el Mosa hasta el Genil,	
	trocando perlas a perlas.	

| Don Juan | ¿Quién viene con él? | |

| Mendoza | Un monstruo | |
| | del valor y la nobleza, | 265 |

	don Lope de Figueroa.	
Don Juan	Notables cosas me cuentan de su gran resolución y de su poca paciencia.	
Mendoza	Impedido de la gota, impacientemente lleva el no poder acudir al servicio de la guerra.	270
Don Juan	Yo deseo conocerle.	

Don Lope de Figueroa. Dichos.

Don Lope	Voto a Dios, que no me lleva en aqueso de ventaja un átomo vuestra alteza, porque hasta verme a sus pies, solo he sufrido a mis piernas.	275
Don Juan	¿Cómo llegáis?	
Don Lope	Como quien, señor, a serviros llega de Flandes a Andalucía; y no es mala diligencia, pues vos a Flandes no vais, que Flandes a vos se venga.	280 285
Don Juan	Cúmplame el cielo esa dicha. ¿Traéis buena gente?	
Don Lope	Y tan buena,	

que si fuera el Alpujarra
el infierno, y estuviera
Mahoma por alcaide suyo,   290
entraran, señor, en ella...
Si no es los que tienen gota,
que no trepan por las peñas,
porque vienen...

Un soldado, Garcés, Alcuzcuz. Dichos.

Un soldado (Dentro.)   Deteneos.

Garcés (Dentro.)   Tengo de llegar: afuera.   295

(Sale Garcés con Alcuzcuz a cuestas.)

Don Juan   ¿Qué es esto?

Garcés   De posta estaba
a la falda desa sierra,
sentí ruido entre unas ramas,
Paréme hasta ver quién era,
Y vi este galgo que estaba   300
acechando detrás dellas,
que sin duda era su espía.
Maniatéle con la cuerda
del mosquete, y porque ladre
qué hay allá, le traigo a cuestas.   305

Don Lope   ¡Buen soldado, vive Dios!
¿Esto hay acá?

Garcés   ¡Pues!, ¿qué piensa
vueseñoría que todo

está en Flandes?

Alcuzcuz (Aparte.)	¡Malo es ésta!
	Alcuzcuz, a esparto olelde
	el nuez del gaznato vuestra.

está en Flandes?

Alcuzcuz *(Aparte.)*

    ¡Malo es ésta!
Alcuzcuz, a esparto olelde
el nuez del gaznato vuestra.

Don Juan

Ya os conozco: no me cogen
estas hazañas de nuevas.

Garcés

¡Oh, cómo premian sin costa
príncipes que honrando premian!

Don Juan

Venid acá.

Alcuzcuz

       ¿A mé decilde?

Don Juan

Sí.

Alcuzcuz

    Ser gran favor tan cerca.
Bien estalde aquí.

Don Juan

       ¿Quién sois?

Alcuzcuz *(Aparte.)*

(Aquí importar el cautela.)
Alcuzcuz, un morisquilio,
a quien lievaron por fuerza
al Alpujarro; que mé
ser crestiano en me conciencia,
saber la trina crestiana,
el Credo, la Salve Reina,
el pan nostro, y el catorce
mandamientos de la Iglesia.
Por decir que ser crestiano,
darme otros el muerte intentan;

yo correr, e hoyendo, dalde   330
en manos de quien me prenda.
Si me dar el vida, yo
decilde cuanto allá piensan,
y lievaros donde entréis
sin alguna resistencia.   335

Don Juan (Aparte a Mendoza.)
Como presumo que miente,
también puede ser que sea
verdad.

Mendoza   ¿Quién duda que hay muchos
que ser cristianos profesan?
Yo sé una dama que está   340
retirada allá por fuerza.

Don Juan   Pues ni todo lo creamos
ni dudemos. Garcés, tenga
ese morisco por preso...

Garcés   Yo, yo tendré con él cuenta.   345

Don Juan   Que en lo que luego dijere,
veremos si acierta o yerra.
Y ahora vamos, don Lope,
dando a los cuarteles vuelta,
y a consultar por qué sitio   350
se ha de empezar.

Mendoza   Vuestra alteza
lo miren bien, porque aunque
parece poca la empresa,
importa mucho; que hay cosas,

mayormente como éstas,   355
que no dan honor ganadas,
y perdidas dan afrenta:
y así, se debe poner
mayor atención en ellas,
no tan para ganarlas,   360
cuanto para no perderlas.

(Vanse Don Juan de Austria, Don Juan de Mendoza, Don Lope y soldados.)

Garcés, Alcuzcuz.

Garcés   Vos ¿cómo os llamáis?

Alcuzcuz   Arroz;
que si entre moriscos era
Alcuzcuz, entre crestianos
seré arroz, porque se entienda   365
que menestra mora pasa
a ser crestiana menestra.

Garcés   Alcuzcuz, ya sois mi esclavo:
decid verdad.

Alcuzcuz   Norabuena.

Garcés   Vos dijisteis al señor   370
don Juan de Austria...

Alcuzcuz   ¿Que aquél era?

Garcés   Que le llevaríais por donde
entrada tiene esa sierra.

| Alcuzcuz | Sí, mi amo. |

Garcés

                    Aunque es verdad
que él a sujetaros venga   375
con el marqués de los Vélez,
con el marqués de Mondéjar,
Sancho de Ávila y don Lope
de Figueroa, quisiera.
Yo que la entrada a estos montes   380
solo a mí se me debiera:
llévame allá, porque quiero
mirarla y reconocerla.

Alcuzcuz (Aparte.)

(Engañifa a este crestiano
he de hacerle, e dar la vuelta   385
al Alpujarra.) Venilde
conmigo.

Garcés

                    Detente, espera;
que en ese cuerpo de guardia
dejé mi comida puesta
cuando salí a hacer la posta,   390
y quiero volver por ella;
que en una alforja podré
(porque el tiempo no se pierda)
llevarla, para ir comiendo
por el camino.

Alcuzcuz   Así sea.   395

Garcés   Vamos, pues.

Alcuzcuz (Aparte.)   Santo Mahoma,
pues tú selde mi profeta,

lievarme, e a Meca iré,
aunque ande de ceca en meca.

(Vanse.)

Jardín en Berja.

Moriscos y músicos; y detrás, Don Fernando de Válor y Doña Isabel Tuzaní.

Válor   A la falda lisonjera   400
dese risco coronado,
donde sin duda ha llamado
a cortes la primavera,
porque entre tantos colores
de su república hermosa   405
quede jurada la rosa
por la reina de las flores,
puedes, bella esposa mía,
sentarte. Cantad, a ver
si la música vencer   410
sabe la melancolía.

Doña Isabel   Abenhumeya valiente,
a cuya altivez bizarra,
no el roble del Alpujarra.
dé corona solamente,   415
sino el sagrado laurel,
árbol ingrato del Sol,
cuando llore el español
su cautiverio cruel:
No es desprecio de la dicha   420
deste amor, desta grandeza,
mi repetida tristeza,
sino pensión o desdicha

de la suerte; porque es tal
de la fortuna el desdén,   425
que apenas nos hace un bien,
cuando le desquita un mal.
No nace de causa alguna
esta pena (Aparte. ¡A Dios plugiera!),
sino solo desta fiera   430
condición de la fortuna.
Y si ella es tan envidiosa,
¿cómo puedo yo este miedo
perder al mal, si no puedo
dejar de ser tan dichosa?   435

Válor   Si la causa de mirarte
               triste tu dicha ha de ser,
               pésame de no poder,
               mi Lidora, consolarte;
               que habrá tu melancolía   440
               de ser cada día mayor
               pues que tu imperio y mi amor
               son mayores cada día.
               Cantad, cantad, su belleza
               celebrad, pues bien halladas,   445
               siempre traen paces juradas
               la música y la tristeza.

Música   No es menester que digáis
               cúyas sois, mis alegrías;
               que bien se ve que sois mías   450
               en lo poco que duráis.

Malec, que llega a hablar a Don Fernando, hincada la rodilla; y a los lados, Don
Álvaro y Doña Clara, que salen en traje de moros, y se quedan a las puertas;
Beatriz. Dichos.

Doña Clara (Aparte.)   «No es menester que digáis
                        cúyas sois, mis alegrías...»

Don Álvaro (Aparte.)   «Que bien se ve que sois mías
                        en lo poco que duráis.»   455

(Siempre suenan los instrumentos, aunque se represente.)

Doña Clara (Aparte.)   ¡Cuánto siento haber oído
                        ahora aquesta canción!

Don Álvaro (Aparte.)   ¡Qué notable confusión
                        la voz en mí ha introducido!

Doña Clara (Aparte.)   Pues cuando mi casamiento   460
                        a tratar mi padre viene...

Don Álvaro (Aparte.)   Pues cuando dichas previene
                        amor, a mi amor atento...

Doña Clara (Aparte.)   Glorias mías, escucháis...

Don Álvaro (Aparte.)   Escucháis, mis fantasías...   465

(Música; y ellos, aparte. Que bien se ve que sois mías en lo poco que duráis.)

Malec   Señor, pues entre el estruendo
                        de Marte el amor se ve
                        tan hallado, bien podré
                        decirte cómo pretendo
                        dar a Maleca marido.   470

Válor   Quién fue tan feliz, me di.

Malec   Tu cuñado Tuzaní.

Válor   Muy cuerda elección ha sido,
               pues uno y otro fiel
               a preceptos de su estrella,   475
               él no viviera sin ella,
               y ella muriera sin él.
               ¿Adónde están?

(Llegan Don Álvaro y Doña Clara.)

Doña Clara   A tus pies
               alegre llego.

Don Álvaro   Y yo ufano,
               para que nos des tu mano.   480

Válor   Mil brazos tomad, y pues
               en nuestro docto alcorán,
               ley que ya todos guardamos,
               más ceremonias no usamos
               que las prendas que se dan   485
               dos, dele a Maleca divina
               sus arras el Tuzaní.

Don Álvaro   Todo es poco para ti,
               a cuya luz peregrina
               se rinde el mayor farol;   490
               y así temo, porque arguyo
               que es darle al Sol lo que es suyo,
               darle diamantes al Sol.
               Aqueste un Cupido es,
               de sus flechas guarnecido;   495

que aun de diamantes Cupido,
viene a postrarse a tus pies.
Ésta una sarta de perlas,
de quien duda quien ignora
que las llorara el aurora,   500
si tú habías de cogerlas.
Ésta es un águila bella,
del color de mi esperanza;
que solo un águila alcanza
ver el Sol que mira ella.   505
Un clavo para el tocado
es este hermoso rubí,
que ya no me sirve a mí,
pues mi fortuna ha parado
estas memorias... Mas no   510
las tomes; que en tales glorias,
quiero que tengas memorias
tú, sin traértelas yo.

Doña Clara   Las arras, Tuzaní, aceto,
                    y a tu amor agradecida,   515
                    traerlas toda mi vida
                    en tu nombre te prometo.

Doña Isabel   Y yo os doy el parabién
                    de aqueste lazo inmortal.
(Aparte.)   (Que ha de ser para mi mal.)   520

Malec   Ea pues, las manos den
                    albricias al alma.

Don Álvaro   Puesto
                    a tus pies estoy.

Doña Clara   Los brazos
                    conformen eternos lazos.

Los dos   Yo soy feliz...

(Al darse las manos, tocan cajas dentro.)

Todos   Mas ¿qué es esto?   525

Malec   Cajas españolas son
                    las que atruenan estos riscos,
                    que no tambores moriscos.

Don Álvaro   ¿Quién vio mayor confusión?

Válor   Cese la boda, hasta ver   530
                    qué novedad causa ha sido...

Don Álvaro   ¿Ya, señor, no lo has sabido?
                    ¿Qué más novedad que ser
                    dichoso yo? Pues el Sol
                    mira apenas mi ventura,   535
                    cuando eclipsan su luz pura
                    las armas del español.

(Vuelven a tocar.)

Alcuzcuz, con unas alforjas al hombro. Dichos.

Alcuzcuz   ¡Gracias a Mahoma y Alá,
                    que a tus pies haber llegado!

Don Álvaro   Alcuzcuz, ¿dónde has estado?   540

| Alcuzcuz | Ya todos estar acá. |

| Válor | ¿Qué te ha sucedido? |

Alcuzcuz
                                Yo
hoy de posta estar, e aposta
liego aquí, aunque por la posta,
quien por detrás me cogió,   545
lievóme con otros dos
un don Juan, que ahora es venido;
crestianilio fingido,
decirle que crêr en Dios.
No me dio muerte; cativo   550
ser del soldado crestiano,
que no se labará en vano:
a éste apenas le apercibo
qué senda saber por dónde
poder la Alpojarra entrar,   555
cuando la querer mirar.
De camaradas se esconde,
e aquesta forja me dando
donde venir su comida,
por una parte escondida   560
entrar los dos camenando.
Apenas solo le ver,
cuando, sin que seguir pueda,
fui por monte, e se queda
sin cativo o sin comer;   565
porque aunque me seguir quiso,
una trompa que salir
de moros, le hacer huir:
e yo venir con aviso
de que ya muy cerca dejo   570
don Juan de Andustria en campaña,

a quien decir que acompaña
el gran marqués de Mondejo
con el marqués de Luzbel,
y el que fremáticos doma,   575
don Lope Figura-roma,
y Sancho Débil con él:
Todos hoy a la Alpojarra
venir contra ti.

Válor   No digas
más, porque a cólera obligas   580
mi altivez siempre bizarra.

Doña Isabel   Ya desde esa excelsa cumbre
donde tropezando el Sol,
o teme ajar su arrebol
o teme apagar su lumbre,   585
ni bien ni mal se divisan
entre varias confusiones
los armados escuadrones
que nuestros términos pisan.

Doña Clara   Grande gente ha conducido   590
Granada a aquesta facción.

Válor   Pocos muchos mundos son,
si a vencerme a mí han venido,
aunque fuera el que sujeta
ese hermoso laberinto,   595
como hijo de Carlos Quinto,
hijo del quinto planeta;
porque aunque estos horizontes
cubran de marciales señas,
serán su pira estas peñas,   600

serán su tumba estos montes.
Y pues se viene acercando
ya la ocasión, advertidos,
no ya desapercibidos
nos hallen, sino esperando   605
todo su poder; y así,
su puesto ocupe cualquiera.
Malec se vaya a Galera,
vaya a Gavia Tuzaní,
que yo en Berja me estaré,   610
y a quien Alá deparare
la suerte, que Alá le ampare,
pues suya la causa fue.
Id a Gavia; que la gloria
que hoy es de amor interés,   615
celebraremos después
que quedemos con victoria.

(Vanse Don Fernando de Válor, Doña Isabel, Malec, moriscos y músicos.)

Don Álvaro, Doña Clara; Alcuzcuz y Beatriz, retirados.

Doña Clara (Para sí.)   «No es menester que digáis
                         cúyas sois, mis alegrías...»

Don Álvaro (Para sí.)   «Que bien se ve que sois mías   620
                         en lo poco que duráis.»

Doña Clara (Para sí.)   Alegrías mal logradas,
                         antes muertas que nacidas...

Don Álvaro (Para sí.)   Rosas sin tiempo cogidas,
                         flores sin sazón cortadas...   625

70

Doña Clara (Para sí.)   Si rendidas, si postradas,
                          a un ligero soplo estáis...

Don Álvaro (Para sí.)   No digáis que el bien gozáis...

Doña Clara (Para sí.)   Pues siendo para perder,
                          que sintáis es menester...   630

Don Álvaro (Para sí.)   No es menester que digáis.

Doña Clara (Para sí.)   Alegrías de un perdido,
                          aborto sois de un cuidado,
                          puesto que habéis espirado
                          primero que habéis nacido.   635
                          Si acaso, si yerro ha sido
                          hallarme vuestras porfías
                          por otra, no estéis baldías
                          conmigo un rato pequeño:
                          dejadme, y buscad el dueño   640
                          cúyas sois, mis alegrías.

Don Álvaro (Para sí.)   Por gran maravilla os toca,
                          dichas: luego bien moristeis;
                          que si maravillas fuisteis,
                          fuerza fue vivir tan poco.   645
                          De contento estuve loco,
                          y ya de melancolías:
                          ¡Qué bien, qué bien, alegrías,
                          se ve que sois de otro a quien
                          buscáis! Y ¡ay, penas, qué bien,   650
                          qué bien se ve que sois mías!

Doña Clara (Para sí.)   Aunque si ser pretendéis
                          alegrías, bien hicisteis...

Don Álvaro (Para sí.)   Pues que dos veces fuisteis,
                            en una que os deshacéis.   655

Doña Clara (Para sí.)   Dos veces desde hoy seréis
                            venturosas.

Los dos (Para sí.)   Lo mostráis
                            en la prisa con que os vais
                            cuando a mi alivio acudís...

Don Álvaro (Para sí.)   En lo tarde que venís...   660

Doña Clara (Para sí.)   En lo poco que duráis.

Don Álvaro   Hablando estaba conmigo
                            a solas, porque no sé
                            si en tantas penas podré
                            hablar, Maleca, contigo.   665
                            Cuando era mi amor testigo
                            desta victoriosa palma,
                            vuelve a suspenderse en calma
                            y así calla, porque es mengua
                            que quiera alzarse la lengua   670
                            con los afectos del alma.

Doña Clara   El hablar es libre acción,
                            pues puede un hombre callar;
                            el oír no, porque ha de estar
                            eso en ajena razón;   675
                            y es tanta mi suspensión,
                            que ocupada del sentir,
                            no oiré lo que has de decir:
                            ¿Qué mucho en tanto pesar

| | que tú no estés para hablar, | 680 |
| | si yo no estoy para oír? |

Don Álvaro   El rey a Gavia me envía,
                  tú a Galera vas, y amor,
                  luchando con el honor,
                  se rinde a su tiranía: 685
                  Quédate ahí, esposa mía,
                  y piadoso el cielo quiera
                  que el cerco que nos espera,
                  que el poder que nos agravia,
                  me vaya a buscar a Gavia,   690
                  porque te deje en Galera.

Doña Clara   ¿De suerte, que no podré
                  verte, hasta ver acabada
                  esta guerra de Granada?

Don Álvaro   Sí podrás; que yo vendré   695
                  todas las noches, porque
                  dos leguas que hay en rigor
                  de allí a Gavia, será error
                  no volarlas mi deseo.

Doña Clara   Mayores distancias creo   700
                  que sabe medir amor.
                  Yo en el postigo estaré
                  esperándote del muro.

Don Álvaro   Y yo, dese amor seguro,
                  cada noche al muro iré.   705
                  Dame los brazos, en fe.

(Cajas.)

Doña Clara   Cajas vuelven a tocar.

Don Álvaro   ¡Qué desdicha!

Doña Clara   ¡Qué pesar!

Don Álvaro   ¡Qué padecer!

Doña Clara   ¡Qué sentir!
                    ¿Esto es amar?

Don Álvaro   Es morir.   710

Doña Clara   Pues ¿qué más morir que amar?

(Vanse los dos.)

Beatriz, Alcuzcuz.

Beatriz   Alcuzcuz, llégate aquí,
                    pues solos hemos quedado.

Alcuzcuz   Zarilia, aquese recado
                    ¿ser al alforja, o a mí?   715

Beatriz   ¡Que siempre has de estar de gorja,
                    aunque todo sea tristeza!
                    Escúchame.

Alcuzcuz   Esa fineza
                    ¿ser a mí, o ser al alforja?

Beatriz   A ti es; pero ya que así   720

ella mi amor atropella,
tengo de ver qué hay en ella.

Alcuzcuz   Luego ser a elia, e no a mí.

Beatriz   Esto es tocino... y condeno

(Va sacando lo que dicen los versos.)

traerlo tú deste modo.   725
Este es vino. ¡ay de mí! Todo
cuanto traes aquí es veneno.
Yo no lo quiero tocar
ni ver, Alcuzcuz: advierte
que puede darte la muerte   730
si lo llegas a probar.

(Vase.)

Alcuzcuz   ¿Todos de voneno llenos
estar? Sí: ya lo creer,
pues Zara decir, que ser
sierpe e saber de vonenos.   735
Y aún otra razón más clara
es de que el voneno vio
Zara, que no le probó,
con ser tan golosa Zara.
El crestianilio sin duda   740
matar a Alcuzcuz quería.
¡Ay tan gran beliaquería!
Mahoma librarme pudo,
porque a Meca le ofrecer
ir a ver el zancarrón.   745

(Cajas.)

Más cerca escochar el son,
y ya de divisos ver
en trompas el monte lieno.
Seguir quiero al Tozaní.
¿Haber alguien por ahí   750
que querer deste voneno?

(Vase.)

Cercanías de Galera.

Don Juan de Austria, Don Lope de Figueroa, Don Juan de Mendoza, soldados.

Mendoza   Desde aquí se dejan ver
             mejor las señas, al tiempo
             que ya declinando el Sol,
             está pendiente del cielo.   755
             Aquella villa que a mano
             derecha, sobre el cimiento
             de una dura roca ha tantos
             siglos que se está cayendo,
             es Gavia la alta; y aquélla   760
             que tiene a su lado izquierdo,
             de quien las torres y riscos
             están siempre compitiendo,
             es Berja; y Galera es ésta,
             a quien este nombre dieron   765
             o porque su fundación
             es así, o ya porque vemos
             que a piélagos de peñascos
             ondas de flores batiendo,
             sujeta al viento, parece   770

que se mueve con el viento.

Don Juan

Destas dos fuerzas la una
se ha de sitiar.

Don Lope

            Pues miremos
cuál tiene disposición
más al propósito nuestro,   775
y manos a la labor;
que pies no están para eso.

Don Juan

Aquel morisco rendido
me traed, y dél sabremos
si trata verdad o no   780
en lo que fuere diciendo.
¿Dónde está Garcés, a quien
se le di por prisionero?

Mendoza

No le he visto desde entonces.

Garcés. Dichos.

Garcés (Dentro.)

¡Ay de mí!

Don Juan

            Mirad qué es eso.   785

(Sale Garcés herido, cayendo.)

Garcés

Yo soy; que a tus plantas no
llegara menos que muerto.

Mendoza

Garcés es.

Don Juan

            ¿Qué ha sucedido?

Garcés   Tu alteza perdone un yerro
                        por un aviso.

Don Juan   Decid.   790

Garcés   Aquel morisco, aquel preso
                        que me entregaste, te dijo
                        que venía con intento
                        de entregarte el Alpujarra:
                        Yo, señor, con el deseo   795
                        de saber el paso, y ser
                        el que la entrase el primero
                        (que aun la ambición del honor
                        no es ambición de provecho),
                        dije que me la enseñara.   800
                        Seguíle a solas por esos
                        laberintos donde el Sol
                        aun se pierde por momentos,
                        con andarlos cada día.
                        Apenas entre dos cerros   805
                        él se vio conmigo, cuando
                        por los peñascos subiendo,
                        dio voces, y ya a sus voces
                        o a las que le hurtaba el eco,
                        respondieron unas tropas   810
                        de moros, que descendiendo,
                        a la presa se avanzaban
                        como quien son, como perros.
                        Inútil fue la defensa,
                        y en fin, en mi sangre envuelto,   815
                        discurrí el monte a ampararme
                        de las hojas, cuando veo
                        debajo de las murallas

de Galera, donde llego,
abierta una boca, un   820
melancólico bostezo
del peñasco sobre quien
estriba, que con el peso
del edificio, sin duda
gimió, y por quedar gimiendo   825
siempre, no volvió a cerrarle,
y se le dejó entreabierto.
Aquí pues me eché, y aquí,
o bien porque no me vieron,
o porque ya sepultado   830
me dejaron como muerto,
de aquesta manera estuve
el sitio reconociendo;
y en fin, Galera minada
de los ardides del tiempo   835
(que para sitios de peñas
es el mejor ingeniero)
está; y como tú sobre ella
te pongas, podrás con fuego
volarla, como esta boca,   840
que es muy posible, ganemos
sin esperar lo prolijo
de sitiarla; y yo te ofrezco
hoy por una vida, cuantas
Galera contiene dentro;   845
sin que pueda con mi rabia,
sin que valgan con mi acero,
ni en los niños la piedad,
ni la clemencia en los viejos,
ni el respeto en las mujeres,   850
que con esto lo encarezco.

Don Juan   Retirad ese soldado.

(Llévanle.)

                    Ya tomo por buen agüero,
                    don Lope de Figueroa,
                    saber de Galera esto;   855
                    que desde que oí que había
                    en el Alpujarra pueblo
                    que Galera se llamaba,
                    la quise poner el cerco,
                    por ver si, como en el mar,   860
                    dicha en las galeras tengo
                    en la tierra.

Don Lope   Pues ¿qué aguardas?
                    Vamos a ocupar los puestos;
                    que ésta es la hora mejor,
                    pues de noche, sin estruendo .   865
                    podremos llegarnos más.
                    A Galera marche el tercio.

Un soldado   Pase la palabra.

Otro   Pase.

Soldados   A Galera.

Don Juan   Dadme, cielos,
                    fortuna, como en el agua,   870
                    en la tierra, porque opuestos
                    aquella naval batalla
                    y este cerco campal, luego
                    pueda decir que en la tierra

y en la mar, tuve en un tiempo   875
dos victorias, que confusas,
aun no distinga yo mesmo
de un cerco y una naval,
cuál fue la naval o el cerco.

(Vanse.)

Muros de Galera.

Don Álvaro, Alcuzcuz; después, Doña Clara.

Don Álvaro   Vida y honor, Alcuzcuz,   880
                    hoy a tu cuidado dejo;
                    pues ya ves que si se sabe
                    que falto de Gavia y vengo
                    a Galera, honor y vida
                    en solo un instante pierdo.   885
                    Con esa yegua te queda,
                    mientras yo en el jardín entro;
                    que luego salgo, y es fuerza
                    que hemos de volvernos luego
                    a entrar en Gavia antes que   890
                    en Gavia nos echen menos.

Alcuzcuz   Sempre a te servir me obligo;
                    y aunque con tal prisa vengo
                    que aún no me diste lugar
                    de dejalde en mi aposento   895
                    este alforja, sin menear
                    aquí haliar en este puesto.

Don Álvaro   Si de aquí faltas, la vida
                    te he de quitar, vive el cielo.

(Sale Doña Clara por un postigo.)

Doña Clara   ¿Eres tú?

Don Álvaro   Pues ¿quién pudiera   900
                    ser tan fiel?

Doña Clara   Entra presto;
                    no acierten a conocerte,
                    si en el muro te detengo.

(Vanse.)

Alcuzcuz; después, soldados.

Alcuzcuz   ¡Vive Alá, que me dormir!
                    pesado estar, sonior suenio.   905
                    No haber oficio tan malo
                    como el de ser alcahuetos,
                    porque todos los oficios
                    trabajar para sí mesmos,
                    e alcahueto para el otros.   910
                    Jó, yegua. —A mi cuento vuelvo;
                    que vencer el suenio así.
                    Tal vez se hacer zapatero
                    zapatos, tal vez se hacer
                    el sastre el vestido nuevo,   915
                    el cocinero probar
                    si estar el guisado bueno,
                    hacer el pastel hechizo
                    e comerle el pastelero:
                    En fin, alcahueto solo   920
                    no es para sí de provecho,

pues ni calzar lo que cose
ni probar lo que está haciendo.
Jó... ¡Que se tomó, iay de mé!,
el yegua, e se me ir corriendo!   925

(Éntrase corriendo, y dice dentro.)

Jó, yegua, detente e hacer
esto que te estar pidiendo;
que yo hacer por ti otra cosa
que me pedir tú. No puedo
alcanzar... ¡Ay, Alcuzcuz!   930

(Sale.)

¡Muy buena hacienda haber hecho!
¿En qué volverse mi amo?
Que él me ha de matar, ser cierto,
pues ser forzoso que a Gavia
no poder liegar a tiempo.   935
He aquí que sale e decir:
«Dar el yegua. —No le tengo.
¿Qué le hacer? —Fuéseme el yegua.
¿Por dónde? —Por esos cerros.
Mataréte.» ¡Zas!... e dame   940
con el daga por el pecho.
Pues si habemos de morer,
Alcuzcuz, con el acero,
y hay mortes en que escoger,
murámonos de voneno;   945
que es morte más dolce. Vaya,
pus que ya el vida aborrezco.

(Saca una bota de la alforja, y bebe.)

Mejor ser morer así,
pues no morer por el menos
bañado un hombre en su sangre.   950
¿Cómo estar? Bueno me siento.
No ser el voneno fuerte;
e si es que morer pretendo,
(Bebe.)   más voneno es menester
No ser frío, a lo que bebo,   955
el voneno, ser caliente:
sí, pues arder acá dentro.
(Bebe.)   Más voneno es menester.
que muy poco a poco muero.
Ya parece que se enoja,   960
pues que ya va haciendo efecto;
que los ojos se me turbian
e se me traba el cerebro,
el lengua ponerse gorda
e saber el boca a herro.   965
(Bebe.)   Ya que muero, no dejar
para otro matar voneno,
será piedad. ¿Dónde estar
me boca, que no la encuentro?

(Cajas dentro.)

Soldados (Dentro.)   Centinelas de Galera,   970
al arma.

Alcuzcuz   ¿Qué ser aquesto?
Mas si relámpagos hay,
¿quién duda que ha de haber truenos?

Don Álvaro y Doña Clara, asustados. Alcuzcuz.

Doña Clara	Las centinelas, señor,	
	hacen de las torres fuego.	975

Don Álvaro	Sin duda el campo cristiano	
	en el nocturno silencio	
	amparado de las sombras,	
	sobre Galera se ha puesto.	

Doña Clara	Vete, señor; que ya ves	980
	todo el castillo revuelto.	

Don Álvaro	¿Y será gloriosa acción	
	que digan de mí que dejo	
	sitiada a mi dama...	

Doña Clara	¡Ay triste!

Don Álvaro	Y que las espaldas vuelvo?	985

Doña Clara	Sí; que en defender a Gavia	
	está tu honor de por medio,	
	y quizá han ido sobre ella:	
	también es de advertir esto.	

Don Álvaro	¿Quién vio mayor confusión	990
	que yo en un punto padezco?	
	Mi honor y mi amor están	
	dándome voces a un tiempo.	

Doña Clara	Responde a las de tu honor.	

Don Álvaro	Antes responder pretendo	995
	a las dos.	

Doña Clara   ¿De qué manera?

Don Álvaro   En llevarte me resuelvo
conmigo; que si en dejarte
y en no dejarte me pierdo,
corra mi honor y mi amor   1000
una fortuna y un riesgo.
Vente conmigo: una yegua,
veloz injuria del viento,
nos llevará.

Doña Clara   Con mi esposo
voy: nada aventuro en esto.   1005
Tuya soy.

Don Álvaro   ¡Hola, Alcuzcuz!

Alcuzcuz   ¿Quién llama?

Don Álvaro   Yo soy, trae presto
la yegua.

Alcuzcuz   ¿El yegua?

Don Álvaro   ¿Qué aguardas?

Alcuzcuz   Aguardo el yegua, que luego
me decir que volvería.   1010

Don Álvaro   Pues ¿dónde está?

Alcuzcuz   Fuese huyendo;
mas yegua es de su palabra,

e volver luego al momento.

Don Álvaro   ¡Viven los cielos, traidor!...

Alcuzcuz   No tocar a mé, teneros,   1015
porque estar avonenado,
e matar con el aliento.

Don Álvaro   Que tengo de darte muerte.

Doña Clara   Detente. ¡Ay de mí!

(Va a detenerle, y se hiere la mano.)

Don Álvaro   ¿Qué es eso?

Doña Clara   Por detenerte, la mano   1020
me corté con el acero.

Don Álvaro   Cueste esa sangre una vida.

Doña Clara   Pues por la mía te ruego
que no le mates.

Don Álvaro   ¿Qué en mí
no podrá ese juramento?   1025
¿Es mucha la sangre?

Doña Clara   No.

Don Álvaro   Apriétate a ella ese lienzo.

Doña Clara   Y pues ves que no es posible
seguirte ya, vete presto:

que no siéndolo en un día   1030
ganar la villa, yo ofrezco
irme mañana contigo,
pues nos queda el paso abierto
siempre por aquesta parte.

Don Álvaro   Con esa esperanza acepto   1035
el partido.

Doña Clara   Alá te guarde.

Don Álvaro   ¿Para qué, si yo aborrezco
vivir ya?

Alcuzcuz   Pues aquí haber
para la perder remedio:
que a mí me sobrar un poco   1040
de dolcísimo voneno.

Doña Clara   Vete, pues.

Don Álvaro   ¡Qué triste voy!

Doña Clara   Y yo ¡qué afligida quedo!

Don Álvaro   Por saber qué opuesta estrella...

Doña Clara   Por saber qué hado severo...   1045

Don Álvaro   Es éste que entre mi amor...

Doña Clara   Es el que entre mis deseos...

Don Álvaro   Siempre se pone...

Doña Clara   Está siempre...

Don Álvaro   A mis desdichas atento.

Doña Clara   · Puesto que un arma cristiana   1050
                             nos estorba por momentos.

Alcuzcuz   ¿Esto es dormer o morer?
                             Mas todo diz que es el mesmo,
                             y ser verdad, pues no sé
                             si me muero o si me duermo.

                             Fin de la segunda jornada

Jornada tercera

Cercanías de Galera.

Don Álvaro, sin ver a Alcuzcuz, que está durmiendo en el suelo.

Don Álvaro	Noche pálida y fría,
	a tu silencio dignamente fía
	mi esperanza su empleo,
	mi amor su dicha, mi alma su trofeo;
	pues en ti (aunque a pesar de tanta estrella) 5
	dará más noble luz Maleca bella,
	cuando redes y lazos
	robada finja entre mis dulces brazos.
	En alas del cuidado,
	como a un cuarto de legua ya he llegado 10
	de Galera. Esta parte
	donde naturaleza obró sin arte
	cerrados laberintos
	de hojas, ni bien confusos ni distintos,
	nocturno albergue sea 15
	del caballo; y, pues, nadie hay que me vea,
	quede a ese tronco atado,
	más seguro a las riendas hoy fiado
	un bruto, que al cuidado ayer de un hombre,
(Tropieza en Alcuzcuz.)	que... Mas no hay accidente que no asombre 20
	un pecho enamorado.
	Si bien este accidente
	con justa causa mi valor le siente,
	pues cuando al muro ya a acercarme empiezo,
	en un cadáver mísero tropiezo. 25
	Todo cuanto hoy he visto, todo cuanto
	he hallado, es asombro, horror y espanto.
	¡Ay infelice, ay triste,

oh tú, que monumento el monte hiciste!
Mas no... ¡Ay dichoso, oh tú, que con la muerte 30
mejoraste las ansias de tu suerte!
¡Con qué de sombras lucho!

(Despierta Alcuzcuz.)

Alcuzcuz   ¿Quién es que me pisar?

Don Álvaro   ¡Qué veo! ¡Qué escucho!
¿Quién va? ¿Quién es?

Alcuzcuz   Alcuzcuz,
que aquí esperar le mandaste   35
con el yegua, y aquí estar,
sin que me haber visto nadie.
Si haber de volver a Gavio
hoy, ¿cómo salir tan tarde?
Mas siempre haber al partirse   40
gran perecilia entre amantes.

Don Álvaro   Alcuzcuz, ¿qué haces aquí?

Alcuzcuz   ¿Cómo preguntar qué haces
a Alcuzcuz, si te esperar
desde que por porta entraste   45
del muro a ver a Maleca?

Don Álvaro   ¿Quién vio cosa semejante?
Pues ¿desde anoche, que fue
eso, estás aquí?

Alcuzcuz   ¿Qué hablalde
desde anoche, si no haber   50

que me dormir un instante
con un mal voneno que
tomar porque me matase,
de miedo de que la yegua
ir por esos andurriales?   55
Mas, pues, ya es el yegua vuelta
y voneno no matarme
(que Alá mejorar el horas),
vamos, pues.

Don Álvaro   ¡Qué disparates!
Tú estabas borracho anoche.   60

Alcuzcuz   Si hay vonenos que emborrachen,
sí estar... y creerlo ahora
en que el boca a hierro sabe,
estar el lengua e los labios
secos como pedernales,   65
ser de yesca el paladar,
saberme todo a venagre.

Don Álvaro   Vete de aquí; que no es bien
que ya otra vez me embaraces
la dicha, pues por ti anoche   70
perdí la ocasión más grande;
y no quiero que por ti
aquesta también me falte.

Alcuzcuz   No tener el culpa, Zara
sí, porque ella asegorarme   75
que era voneno, e beberle
por morirme.

(Ruido dentro.)

Don Álvaro   Hacia esta parte
siento gente. Entre estas ramas
esperemos a que pasen.

(Vanse.)

Garcés, soldados.

Garcés   Ésta de la mina es   80
                            la boca que al muro sale:
                            llegad, llegad con silencio,
                            pues no nos ha visto nadie.
                            Ya está dada fuego, y ya
                            esperamos por instantes   85
                            que reviente el monte, dando ·
                            nubes de pólvora al aire.
                            En volándose la mina,
                            ninguno un minuto aguarde,
                            sino ir a ocupar el puesto   90
                            que ella nos desocupare,
                            procurando mantenerle
                            hasta llegar lo restante
                            de la gente que emboscada
                            en esa espesura yace.   95

(Vanse.)

Don Álvaro, Alcuzcuz; después, moriscos y Don Lope.

Don Álvaro   ¿Oíste algo?

Alcuzcuz   Nada oír.

Don Álvaro   ¿Quién duda que es ronda que ande
                  corriendo el monte? Por eso
                  puse cuidado en guardarme.
                  ¿Fuéronse?

Alcuzcuz   ¿Ya no lo ves?   100

Don Álvaro   Ya es bien al muro acercarme.

(Disparan dentro.)

                  Mas ¿qué es esto?

Alcuzcuz   No haber boca
                  que más claramente hable
                  que la boca de una pieza,
                  aunque se ignora el lenguaje.   105

(Explosión de una mina.)

Moriscos (Dentro.)   ¡Valedme, cielos!

Alcuzcuz   ¡Valedme,
                  Mahoma!, así Alá te guarde.

Don Álvaro   Parece que se desquicia
                  de sus ejes inmortales
                  todo el orbe de cristal   110
                  todo el globo de diamante.

Don Lope (Dentro.)   Ya voló la mina; todos
                  a la batería que hace.

(Cajas.)

Don Álvaro   ¿Qué Etnas, qué Mongibelos,
                    qué Vesubios, qué volcanes   115
                    en su vientre concibieron
                    los montes, que así los paren?

Alcuzcuz   ¿Qué monjiles, qué besugos,
                    qué leznas ni qué alacranes?
                    Que todo ser humo y fuego.   120

Don Álvaro   ¿Quién vio más terrible trance?
                    En confusos laberintos
                    de armas ya la villa arde,
                    y para abortar horrores,
                    víbora de alquitrán y áspid   125
                    de pólvora, hecha pedazos,
                    todas las entrañas abre.
                    Estrago de España es éste.
                    Ni soy noble, pues, ni amante,
                    si a socorrer a mi dama   130
                    al fuego no me arrojare,
                    trepando al muro y rompiendo
                    sus almenas de diamante;
                    que como yo entre mis brazos
                    a Maleca hermosa saque,   135
                    Galera y el mundo todo
                    más que se queme y se abrase.

(Vase.)

Alcuzcuz   Ni ser amante ni noble,
                    si en confusión tan notable
                    quedar Zara. Mas ¿qué importa   140
                    no ser yo noble ni amante?

Hartos amantes y nobles
haber: y como escaparme
yo, que Zara y que Galera
más que se queme y se abrase.   145

(Vase.)

Ruinas de Galera.

Don Juan de Mendoza, Don Lope de Figueroa, Garcés, soldados; después,
Malec, moriscos y Doña Clara.

Don Lope   No quede persona a vida:
                      llévese a fuego y a sangre
                      la villa.

Garcés   A pegarla fuego
                      entraré.

(Vase.)

Soldado I   Yo a aprovecharme
                      del saco.

(Salen Malec y moriscos.)

Malec   Yo basto solo,   150
                      puesto por muro delante,
                      a defenderla.

(Batalla.)

Mendoza   Señor,
                      éste es Ladin el alcaide.

Don Lope   Ríndete ya.

Malec   ¿Qué es rendirme?

Doña Clara (Dentro.)   ¡Ladin, señor, dueño, padre!   155

Malec (Aparte.)   Maleca es: ¡oh, quién pudiera
                            hoy dividirse en dos partes!

Doña Clara (Dentro.)   Que me da un cristiano muerte.

Malec   Pues a mí estotros me maten
                            sin defenderme, y a un tiempo   160
                            tu vida y mi vida acaben.

Don Lope   Muere, perro, y a Mahoma
                            da un recado de mi parte.

(Éntranse los cristianos, retirando a los moriscos.)

Después de haberse concluido la batalla dentro, salen soldados, Garcés, Don
Lope y Don Juan de Mendoza.

Soldado I   No se ha hecho presa tal
                            de joyas y de diamantes.   165

Soldado II   Rico quedo desta vez.

Garcés   Ninguna vida hoy se guarde
                            que a mi acero, por hermosa
                            o por caduca se escape:
                            solo me falta de hallar   170
                            aquel morisquillo infame,

para volver bien vengado.

Don Lope   Pues toda Galera arde,
                  manda retirar la gente
                  antes que su incendio llame   175
                  el socorro.

Mendoza   A retirar.
                  Pase la palabra.

Soldados   Pase.

(Vanse.)

Don Álvaro; después, Doña Clara.

Don Álvaro   Por entre montes de llamas,
                  entre piélagos de sangre,
                  tropezando en cuerpos muertos,   180
                  quiso mi amor que llegase
                  a la casa de Maleca,
                  estrago ya miserable,
                  pues del acero y del fuego
                  pavesa dos veces yace.   185
                  ¡Ay esposa!, presto yo
                  moriré, si llego tarde.
                  ¿Dónde Maleca estará?
                  Que ya no se mira a nadie.

Doña Clara (Dentro.)   ¡Ay de mí!

Don Álvaro   Esta voz que el viento   190
                  lastimosamente esparce
                  de mal pronunciadas quejas,

de bien repetidos ayes,
es rayo que me penetra.
¿Quién vio desdicha más grande?   195
A las luces que confusas
ya cebado el fuego hace,
miro una mujer que está
apagándolas con sangre...
¡Y es Maleca! ¡Oh santos cielos!   200
O dadla vida o matadme.

(Entra, y saca a Doña Clara, suelto el cabello, sangriento el rostro, y medio vestida.)

Doña Clara   Soldado español, en quien
ni piedad ni rigor cabe:
piedad, pues, que ya me heriste,
rigor, pues, no me acabaste,   205
vuelve a mi pecho el acero:
mira que es rigor notable
que tus acciones no sean
ni rigores ni piedades.

Don Álvaro   Deidad infeliz (que ya   210
hay infelices deidades,
pues de ti lo aprenden cuantas
de humanas fortunas saben),
el que en sus brazos te tiene,
no solicita matarte;   215
que antes quisiera su vida
dividir en dos mitades.

Doña Clara   Bien dicen esas razones
que eres africano alarbe;
y si por mujer y triste,   220

100

dos veces puedo obligarte,
una fineza te deba.
En Gavia está por alcaide
el Tuzaní, esposo mío:
pártete luego a buscarle,   225
y este estrecho último abrazo
le llevarás de mi parte;
y dirásle que su esposa,
bañada en su propia sangre,
a manos de un español,   230
de sus joyas y diamantes
más que de honor ambicioso,
hoy muerta en Galera yace.

Don Álvaro   El abrazo que me das,
                    no, no es menester llevarle   235
                    a tu esposo; que por ser
                    fin de sus felicidades,
                    él le sale a recibir;
                    que no hay desdicha que tarde.

Doña Clara   Sola una voz, ¡ay bien mío!,   240
                    pudo nuevo aliento darme,
                    pudo hacer feliz mi muerte.
                    Deja, deja que te abrace.
                    Muera en tus brazos y muera...

(Expira.)

Don Álvaro   ¡Oh cuánto, oh cuánto ignorante   245
                    es quien dice que el amor
                    hacer de dos vidas sabe
                    una vida!, pues si fueran
                    esos milagros verdades,

ni tú murieras, ni yo   250
viviera; que en este instante,
muriendo yo y tú viviendo,
estuviéramos iguales.
Cielos, que visteis mis penas;
montes, que miráis mis males;   255
vientos, que oís mis rigores;
llamas, que veis mis pesares;
¿cómo todos permitís
que la mejor luz se apague,
que la mejor flor se os muera,   260
que el mejor suspiro os falte?
Hombres que sabéis de amor,
advertidme en este lance,
decidme en esta desdicha,
¿qué debe hacer un amante   265
que viniendo a ver su dama
la noche que ha de lograrse
un amor de tantos días,
bañada la halla en su sangre,
azucena guarnecida   270
de más peligroso esmalte,
oro acrisolado al fuego
del más riguroso examen?
¿Qué debe aquí hacer un triste,
que el tálamo que esperarle   275
pudo, halla túmulo, donde
la más adorada imagen,
que iba siguiendo deidad,
vino a conseguir cadáver?
Mas no, no me respondáis,   280
no tenéis que aconsejarme;
que si no obra por dolor
un hombre en sucesos tales,

mal obrará por consejo.
¡Oh montaña inexpugnable   285
de la Alpujarra, oh teatro
de la hazaña más cobarde,
de la victoria más torpe,
de la gloria más infame.
¡Oh nunca, oh nunca tus montes,   290
oh nunca, oh nunca tus valles
hubieran visto en su cumbre,
hubieran visto en su margen
la más infeliz belleza!
Mas ¿de qué sirve quejarme,   295
si las quejas, con ser quejas,
aun no son prendas del aire?

Don Fernando de Válor, Doña Isabel Tuzaní, moriscos. Don Álvaro; Doña Clara,
muerta.

Válor   Aunque con lenguas de fuego
                    Galera en su ayuda llame,
                    tarde hemos llegado.

Doña Isabel   Y tanto,   300
                    que ya sus plazas y calles
                    son abrasadas cenizas,
                    que en llamas piramidales
                    se oponen a las estrellas.

Don Álvaro   No os admire, no os espante   305
                    venir tan tarde vosotros,
                    si yo también vine tarde.

Válor   ¡Oh qué presagio tan triste!

Doña Isabel   ¡Qué asombro tan miserable!

Válor   ¿Qué es esto?

Don Álvaro   Ésta es la mayor   310
pena, éste el dolor más grande,
la desdicha más cruel,
la desventura más grave;
que ver morir y morir
tan triste y tan lamentable   315
mente lo que se ama, es
la cifra de los pesares,
el colmo de las desdichas
y el mayor mal de los males.
Maleca, ¡ay triste!, mi esposa,   320
es (¡qué pena tan notable!)
la que (¡qué dolor tan triste!)
pálida (¡qué duro trance!)
y sangrienta (¡qué cruel!)
estáis mirando delante.   325
Aleve mano en su pecho
hizo herida penetrante
entre el fuego. ¿A quién no admira,
a quién no asombra que apague
fuego a fuego, y que al acero   330
se dé a partido un diamante?
Todos sois testigos, todos,
del más sacrílego ultraje,
la más fiera acción, el más
triste horror, costoso examen   335
del amor y la fortuna;
y así, desde aqueste instante,
todos lo habéis de ser, todos,
de la mayor, la más grande

y la más noble venganza   340
que en sus corónicas guarde
la eternidad de los bronces,
la duración de los jaspes;
pues a esta beldad difunta,
flor truncada, rosa fácil,   345
que al fin maravilla muere
como maravilla nace,
hago juramento, hago
firme amoroso homenaje
de vengar su muerte; y puesto   350
que Galera, a quien no en balde
dieron este nombre, ya
zozobrando sobre mares
de púrpura que la anegan,
de llamas que la combaten,   355
se va a pique despeñada
desde esta cumbre a ese valle;
pues ya de los españoles
apenas se escucha el parche,
y pues se van retirando,   360
yo iré siguiendo el alcance,
hasta que al mismo entre todos
homicida suyo halle:
vengaré, si no su muerte,
a lo menos mi coraje;   365
porque el fuego que lo ve,
porque el mundo que lo sabe,
porque el viento que lo escucha,
la fortuna que lo hace,
el cielo que lo permite,   370
hombres, fieras, peces, aves,
Sol, Luna, estrellas y flores,
agua, tierra, fuego, aire

sepan, conozcan, publiquen,
vean, adviertan, alcancen   375
que hay en un alarbe pecho,
en un corazón alarbe
amor después de la muerte,
porque aun ella no se alabe
que dividió su poder   380
los dos más firmes amantes.

(Vase.)

Válor   Detente, espera.

Doña Isabel   Primero
harás que un rayo se pare.

Válor   Retirad esa belleza
infeliz. No os acobarde   385
ver que esa bárbara Troya
ese rústico homenaje
caiga en horror a la tierra,
vuele en cenizas al aire,
moriscos de la Alpujarra,   390
si para venganzas tales,
vuestro rey Abenhumeya
no ciñe este acero en balde.

(Vase.)

Doña Isabel (Aparte.)   ¡Pluguiera al cielo sus montes,
que son soberbios Atlantes   395
del fuego que los consume,
del viento que los combate,
ya titubear se viesen,

ya caducar se mirasen,
porque dieran fin en ellos   400
tantas infelicidades!

(Vanse.)

Campo inmediato a Berja.

Don Juan de Austria, Don Lope, Don Juan de Mendoza, soldados.

Don Juan   Ya que rendida Galera
                  en rüinas se eterniza,
                  y que en su propria ceniza
                  es el fénix y la hoguera;   405
                  ya que del ardiente esfera,
                  entre el escándalo sumo,
                  un fragmento la presumo
                  adonde voraz y ciego
                  es el Minotauro el fuego   410
                  y es el laberinto el humo;
                  no tenemos que esperar,
                  sino antes que la aurora
                  cuaje las perlas que llora
                  sobre la espuma del mar,   415
                  empiece el campo a marchar
                  a Berja; que mi atrevido
                  corazón, nunca vencido,
                  descanso no ha de tener
                  hasta a Abenhumeya ver   420
                  a mis pies muerto o vencido.

Don Lope   Si quieres, señor, que hagamos
                  de Berja lo que hemos hecho
                  de Galera, satisfecho

estás de tus armas: vamos.   425
Pero si el orden miramos
del rey, no fue su intención
destruir gentes que son
sus vasallos, sino dar
escarmientos, y templar   430
el castigo y el perdón.

Mendoza   Yo lo que don Lope digo:
                 piadoso y cruel te crean,
                 y la cara al perdón vean,
                 pues vieron la del castigo.   435
                 Sea su perdón testigo
                 de tus piedades, señor:
                 témplese ya tu rigor,
                 pues más se suele mostrar
                 el valor en perdonar,   440
                 porque el matar no es valor.

Don Juan   Mi hermano (es verdad) me envía
                 a que esto apacigüe yo;
                 mas rogar sin armas, no
                 sabe la cólera mía.   445
                 Pero ya que de mí fía
                 castigo y perdón, me obligo
                 a que el mundo sea testigo
                 que uso en cualquiera ocasión
                 con las armas del perdón,   450
                 con los ruegos del castigo.
                 Don Juan...

Mendoza   Señor...

Don Juan   Vos iréis

a Berja, donde está hoy
Válor, y que a Berja voy,
de mi parte le diréis.   455
Público el perdón le haréis
y el castigo, y con igual
providencia al bien y al mal,
le diréis que si rendido
se quiere dar a partido,   460
daré perdón general
a todos los rebelados,
con que vuelvan a vivir
con nosotros y asistir
en sus oficios y estados;   465
que de los daños pasados
hoy mi justicia severa
más satisfacción no espera;
que se rinda al fin, porque
si no, a Berja soplaré   470
las cenizas de Galera.

Mendoza   A servirte voy.

(Vase.)

Don Juan de Austria, Don Lope, soldados.

Don Lope   No ha habido
saco jamás que haya dado
más provecho: no hay soldado
que rico no haya venido.   475

Don Juan   ¿Tanto tesoro escondido
dentro de Galera había?

Don Lope   Dígatelo la alegría
                  De tus soldados.

Don Juan   Yo quiero,
                  porque presentar espero   480
                  a mi hermana y reina mía
                  desta guerra los trofeos,
                  a los soldados feriar
                  cuanto fuere de enviar.

Don Lope   Con esos mismos deseos   485
                  hice yo algunos empleos,
                  y esta sarta que he comprado
                  a un hombre que la ha ganado,
                  te ofrezco por la mejor
                  joya para dar, señor.   490

Don Juan   Buena es; y no es excusado
                  tomarla, por no excusar
                  lo que me habéis de pedir.
                  Enséñeos yo a recibir,
                  pues vos me enseñáis a dar.   495

Don Lope   El precio es más singular
                  que os sirváis della y de mí.

Don Álvaro, Alcuzcuz. Dichos.

Don Álvaro   (Sin ver a don Juan.)
                  Hoy, Alcuzcuz, solo a ti
                  quiero en la empresa que sigo
                  por compañero y amigo.   500

Alcuzcuz   Muy bien te fiar de mí;

aunque tu esfuerzo, no sé
qué ser lo que acá procura.

(Aparte a Don Álvaro. Más quedo; que éste es su altura.)

Don Álvaro   ¿Aqueste es don Juan?

Alcuzcuz   Sí a fe.

Don Álvaro   Con atención le veré,   505
                        por su fama y su opinión.

Don Juan   ¡Qué iguales las perlas son!

Don Álvaro (Aparte.)   Y ya, aunque yo no quisiera
                        con atención verle, fuera
                        precisa en mí la atención.   510
                        Aquella sarta ¡ay de mí!
                        que en su mano ¡ay alma! ves,
                        bien la he conocido, es
                        la que yo a Maleca dí.

Don Juan   Vamos, don Lope, de aquí.   515
                        ¡Qué admirado este soldado
                        de mirarme se ha quedado!

Don Lope   Pues ¿quién, señor, no se admira,
                        cada vez que el rostro os mira?

(Vanse Don Juan, Don Lope y soldados.)

Don Álvaro, Alcuzcuz.

Don Álvaro   Suspenso y mudo he quedado.   520

Alcuzcuz   Ya, señor, que solo estás,
                     ¿porqué has bajado, decir,
                     de la Alpujarra, y venir
                     aquí?

Don Álvaro   Presto lo sabrás.

Alcuzcuz   Me no querer saber más   525
                     de que hasta aquí haber venido,
                     para ser arrepentido
                     de seguirte.

Don Álvaro   Pues ¿por qué?

Alcuzcuz   Escuchar, e lo diré.
                     Me, sonior, cativo he sido   530
                     de un cristianilio soldado,
                     que si en el campo me ver,
                     matar.

Don Álvaro   ¿Cómo puede ser,
                     si vienes tan disfrazado,
                     conocerte? Y pues mudado   535
                     el traje los dos traemos,
                     pasar entre ellos podemos,
                     sin sospecha averiguada,
                     por cristianos, pues en nada
                     ya moriscos parecemos.   540

Alcuzcuz   Tú, que bien el lengua hablar,
                     tú, que cativo no ser,
                     tú, que español parecer,
                     seguro poder pasar;

	me, que no sé pronunciar,	545
	me, que preso haber estado,	
	me, que este traje no he usado,	
	¿cómo excusar el castigo?	

Don Álvaro	Hablando solo conmigo,	
	pues en fin, en un criado	550
	ninguno reparará.	

| Alcuzcuz | ¿E si alguien quiere saber | |
| | de mé algo? | |

| Don Álvaro | No responder. | |

| Alcuzcuz | ¿Quién no responder podrá? | |

| Don Álvaro | Quien mire cuánto le va. | 555 |

Alcuzcuz	Mahoma solamente pudo	
	hacerme por fuerza mudo,	
	siendo tan grande hablador.	

Don Álvaro	Necios extremos de amor,	
	no dudo ¡ay de mí! no dudo	560
	que acuséis mi atrevimiento,	
	pues idólatra gentil	
	de un Sol puesto, en treinta mil	
	un soldado hallar intento	
	a quien sigo por el viento,	565
	pues ni señas ni razón	
	traigo dél; más confusión	
	por admiración me das:	
	¿Qué importa un prodigio más,	
	adonde tantos lo son?	570

Bien sé, bien, que no es posible
hallar mi venganza, no;
mas ¿qué hiciera yo, si yo
no intentara lo imposible?
Pero aunque bien infalible   575
vi la primer seña, en vano
la creo, porque está llano
que es quien es, y es cosa clara
que un noble no ensangrentara
en una mujer la mano;   580
porque valor no asegura,
porque no arguye nobleza,
quien no admira una belleza,
quien no adora una hermosura
que en sí misma está segura: 585
luego no es suyo el rigor.
Mienten sus señas, amor
tus indicios han mentido;
que otro ha sido, que otro ha sido
el vil, el fiero, el traidor.   590

Alcuzcuz   ¿Ser eso a que haber venido?

Don Álvaro   Sí.

Alcuzcuz   Pues presto nos volver,
porque ¿cómo puede ser,
sin haberle conocido,
hallarle?

Don Álvaro   Cuando el efeto   595
no alcance, me lo prometo.

Alcuzcuz   Ésas el cartas serán

de «En la corte a mi hijo Juan,
que andar vestido de prieto».

Don Álvaro   A ti no te toca más...   600

Alcuzcuz   Ya saber, que hablar por señas
en alguien viniendo.

Don Álvaro   Sí.

Alcuzcuz   Ponga Alá tiento en mi lengua.

Soldados. Dichos.

Soldado I   La ganancia está partida
bien así, pues el que juega,   605
aunque vaya por dos, siempre
algo de ribete lleva.

Soldado II   ¿Por qué no ha de ser igual
la ganancia, si lo fuera
la pérdida?

Soldado III   Eso sí que es justo.   610

Soldado I   Mirad; yo nunca quisiera
tener con mis camaradas
por intereses pendencias:
haya solamente un hombre
que diga que es razón ésa,   615
y yo no hablaré palabra.

Soldado II   ¿Mas que lo dice cualquiera?
¡Ah soldado!...

Alcuzcuz (Aparte.)   ¡A mé decir,
e no responder! ¡Paciencia!

Soldado II   ¿No respondéis?

Alcuzcuz   Ha, ha, ha.   620

Soldado III   Mudo es.

Alcuzcuz (Aparte.)   ¡Si bien lo supieran!

Don Álvaro (Aparte.)   Éste ha de echarme a perder,
si yo no salgo a la enmienda.
Divertirlo importa. Hidalgos
perdonad por vida vuestra,   625
si no entiende ese criado
lo que le mandáis, pues muestra
bien que es mudo.

Alcuzcuz (Aparte.)   No ser mudo;
mas ser en casión como esta
pique, repique y capote,   630
pues que no tiene respuesta.

Soldado II   Lo que decirle quería,
ha sido suerte que pueda
mejorarse en vos, que es duda.

Don Álvaro   Yo holgara satisfacerla.   635

Soldado I   Yo he ganado por los dos
entre el dinero una prenda,
que es este Cupido...

Don Álvaro (Aparte.)   ¡Ay triste!

Soldado I   De diamantes.

Don Álvaro (Aparte.)   ¡Ay Maleca!
Las joyas son de tus bodas   640
despojos de tus exequias.
¿Cómo he de vengarla, cómo,
si van tomando las señas
los extremos, pues alcanza
desde un soldado a una alteza?   645

Soldado I   Al partir pues la ganancia,
le doy el Cupido en cuenta
en lo que yo le gané;
dice él que no quiere prendas:
Mirad si habiendo ganado   650
yo, no es justo que prefiera
en la partición.

Don Álvaro   Yo quiero
componer la diferencia,
ya que he llegado a ocasión,
dando el dinero por ella   655
en que estuviere jugada;
pero con una advertencia,
que he de saber yo primero
quién la trajo, porque sea
segura.

Soldado II   Seguras son   660
todas cuantas hoy se juegan;
porque todo se ha ganado

en el saco de Galera
a esos perros.

Don Álvaro (Aparte.)   ¡Que yo, cielos,
tal escuche y tal consienta!   665

Alcuzcuz (Aparte.)   ¡Qué mé, ya que no matar,
no poderle hablar siquiera!

Soldado I   Yo os pondré con quien la trajo;
que él me contó aquí, por señas,
que entre sus joyas quitado   670
la había a una morisca bella,
a quien dio muerte.

Don Álvaro (Aparte.)   ¡Ay de mí!

Soldado I   Venid: de su boca mesma
lo oiréis.

Don Álvaro (Aparte.)   No oiré; que primero,
como una vez quién es sepa,   675
le mataré a puñaladas.
Vamos.

(Vanse.)

Vista exterior de un cuerpo de guardia.

Soldados; y luego, Garcés, Don Álvaro y Alcuzcuz.

Soldados (Dentro.)   Deténganse.

Otros (Dentro.)   Afuera.

(Riñen dentro.)

Un soldado (Dentro.)   Tengo de darle la muerte,
                        aunque el mundo lo defienda.

Otro soldado   Con nuestro enemigo es.   680

Otro   Pues, amigo, muera, muera.

Garcés (Dentro.)   Si yo estoy solo, ¿qué importa
                        que todos contra mí sean?

(Salen riñendo Garcés y soldados, y deteniéndolos Don Álvaro; detrás Alcuzcuz.)

Don Álvaro   Tantos a uno, soldados,
                        es infamia y es bajeza.   685
                        Deténganse, o haré yo,
                        vive Dios, que se detengan.

Alcuzcuz (Aparte.)   ¡A bonas cosas venir,
                        a no hablar, e a ver pendencias!

Un soldado   Muerto soy.

(Cae dentro.)

Don Lope, soldados. Dichos.

Don Lope   ¿Qué es esto?

Un soldado   Muerto   690
                        está: huyamos, no nos prendan.

(Huyen todos los que reñían.)

Garcés (A don Álvaro.)

                  La vida os debo, soldado:
                  yo, yo os pagaré la deuda.

(Vase.)

Don Lope   Deteneos.

Don Álvaro   Ya lo estoy.

Don Lope   De los dos las armas vengan: 695
                  Quitadle la espada.

Don Álvaro (Aparte.)   ¡Ay cielo!
                  Mire usiría y advierta
                  que a poner la paz la saqué,
                  sin ser mía la pendencia.

Don Lope   Yo solo sé que en el cuerpo   700
                  de guardia os hallo, con ella
                  desnuda y un hombre muerto.

Don Álvaro (Aparte.)   Imposible es mi defensa.
                  ¿A quién habrá sucedido
                  que a matar a un hombre venga,   705
                  y por darle vida a otro,
                  en tal peligro se vea?

Don Lope   Y vos, ¿no dais esa espada?
                  ¡Bueno!, ¿hablador sois de señas?
                  Pues yo os he visto otra vez   710

hablar, si bien se me acuerda.
En ese cuerpo de guardia
presos aquestos dos tengan,
mientras sigo a los demás.

Alcuzcuz (Aparte.)   Dos cosas me daban pena,   715
pendencia, e caliar; ya ser
tres, si bien hacer el cuenta.
Una, dos, tres: sí, tres ser,
prisión, caliar e pendencia.

(Llévanlos.)

Don Juan de Austria. Don Lope; después, Don Juan de Mendoza.

Don Juan   ¿Qué ha sido aquesto, don Lope?   720

Don Lope   Fue, señor, una pendencia
en que un hombre muerto ha habido.

Don Juan   Pues si cosas como ésas
no se castigan, habrá
cada día mil tragedias;   725
mas usarse ha con templanza
de la justicia.

(Sale Don Juan de Mendoza.)

Mendoza   Tu alteza
me dé sus pies.

Don Juan   ¿Qué hay, Mendoza?
¿Qué responde Abenhumeya?

Mendoza

Sorda trompeta de paz   730
toqué a la vista de Berja,
y muda bandera blanca
me respondió a la trompeta.
Entré con seguro dentro,
llegué al dosel o a la esfera   735
de Abenhumeya... Bien dije,
si estaba con él la bella
doña Isabel Tuzaní,
que hoy es Lidora, y su reina.
A la usanza de su ley   740
en una almohada me sienta,
gozando de embajador
en todo la prêminencia,

(Aparte.)   ¡Ay, amor, qué neciamente
dormidos gustos despiertas!)   745
y él de rey la autoridad.
Di tu embajada; y apenas
se divulgó que hoy a todos
dabas perdón, cuando empiezan
por las plazas y las calles   750
a hacer alegrías y fiestas.
Pero Abenhumeya, hijo
del valor y la soberbia,
encendido en saña, viendo
cuánto alborota y altera   755
a sus gentes el perdón,
esto me dio por respuesta:
«Yo soy rey de la Alpujarra;
y aunque es provincia pequeña,
a mi valor, presto España   760
se verá a mis plantas puesta.
Si no quieres ver su muerte,
dile a don Juan que se vuelva,

y si algún baharí morisco
gozar dese indulto piensa,   765
llevátele tú contigo
a que sirva en esa guerra
a Felipe, porque así
haya ése más a quien venza.»
Con esto me despidió,   770
dejando ya en arma puesta
la Alpujarra, porque toda,
ya civiles bandos hecha,
unos «España» apellidan,
otros «África» vocean;   775
de suerte que su mayor
ruina, que su mayor guerra
hoy, parciales y divisos,
tienen dentro de sus puertas.

Don Juan   Nunca tiene más asiento,   780
más duración ni más fuerza
un rey tirano, porque
los primeros que le alientan
al principio, son al fin
los primeros que le dejan,   785
quizá bañado en su sangre.
Y pues hoy desa manera
la Alpujarra está, antes que ellos
víboras humanas sean
que se den muerte a sí mismos,   790
marche el campo todo a Berja,
y venzámoslos nosotros
primero que ellos se venzan:
no hagamos suya la hazaña,
si hacerla podemos nuestra.   795

(Vanse.)

Prisión en el cuerpo de guardia.

Alcuzcuz y Don Álvaro, con las manos atadas.

Alcuzcuz	El rato que estar aquí
	solos los dos e poder
	hablar, quijera saber,
	sonior Tozaní, de ti,
	ya que Alpojarra dejar 800
	e a aquesta terra venir,
	si fue a matar, o a morir.
Don Álvaro	A morir, y no a matar.
Alcuzcuz	Quien poner en paz pendencia,
	el peor parte ha lievado. 805
Don Álvaro	Como yo no era culpado,
	no me puse en resistencia;
	que este corazón gentil
	puesto en defensa, mil presto
	me dejaran.
Alcuzcuz	Con todo esto, 810
	yo me atener a los mil.
Don Álvaro	En fin, ¿yo dejé de ver
	al que infame se alabó
	de que las joyas quitó,
	dando muerte a una mujer? 815
Alcuzcuz	No ser eso lo peor,

124

si no estar mandados ya
confesar. Mas ¿qué será
ver venir al confesor,
creyendo crestianos ser?   820

Don Álvaro   Ya que todo lo he perdido,
me he de vender bien vendido.

Alcuzcuz   Pues ¿qué pensar ahora hacer?

Don Álvaro   Con un puñal que escondido
en la cinta me quedó,   825
que siempre debajo yo
de la casaca he traído,
dar a esa posta la muerte.

Alcuzcuz   ¿Con qué manos?

Don Álvaro   ¿No podrás
con los dientes por detrás   830
romper ese lazo fuerte?

Alcuzcuz   Por detrás... y dientes... no
estar muy limpia la traza.

Don Álvaro   Llega, rompe o desenlaza
el cordel...

Alcuzcuz   Sí haré.

Don Álvaro   Que yo   835
veré si te ven.

Alcuzcuz (Desátale.)   Ya estar:

romper tú el mío.

Don Álvaro   No puedo;
que entra gente.

Alcuzcuz   Así me quedo
con cordel y sin hablar.

(Retíranse.)

Un soldado, que hace la posta; Garcés, con prisiones. Dichos.

Soldado (A Garcés.)   Aquel vuestro camarada   840
y un criado suyo mudo,
que animoso sacar pudo
a vuestro lado la espada,
son los que veis.

Garcés   Aunque es fuerza
sentir que me hayan prendido   845
tantos como me han seguido,
en una parte me esfuerza
no sentirlo el librar
a quien la vida me dio,
pues en su descargo yo   850
me tengo de declarar.
Vos a don Juan mi señor
de Mendoza le decí
cómo preso quedo aquí:
que merced me haga y favor   855
de verme, para que pida
mi vida al señor don Juan,
pues mis servicios serán
los méritos de mi vida.

Soldado   Yo le diré que aquí os vea,   860
                           en acabando de hacer
                           la posta.

Don Álvaro (Aparte a Alcuzcuz.)
                                  Tú puedes ver,
                           como al descuido, quién sea
                           el que con la posta ha entrado
                           en la prisión.

Alcuzcuz   Sí veré.   865
                           ¡Ay de mí!

(Repara en Garcés.)

Don Álvaro   ¿Qué tienes?

Alcuzcuz   ¿Qué?
                           El haber aquí llegado...

Don Álvaro   Prosigue.

Alcuzcuz   Estar de horror lleno.

Don Álvaro   Habla.

Alcuzcuz   De temor no vivo.

Don Álvaro   Di.

Alcuzcuz   Ser de quien fui cautivo,   870
                           ser a quien corrí el voneno.
                           Sin duda saber que aquí

estar... Mas por sí o por no,
el cara guardaré yo,
para que no me vea, así.   875

(Échase como que quiere dormir.)

Garcés (A don Álvaro.)   Puesto que sin conoceros
ni haberos servido en nada,
me dio vida vuestra espada,
bien crêréis que siento el veros
desa suerte. Si pudiera   880
tener mi prisión consuelo,
el libraros, vive el cielo,
solo mi consuelo fuera.

Don Álvaro   Guárdeos Dios.

Alcuzcuz (Aparte.)   ¿Preso venir,
y el de la pendencia ser?   885
Sí; que entonces no le ver
con la prisa del reñir.

Garcés   En fin, hidalgo, no os dé
cuidado vuestra prisión;
que yo, por la obligación   890
en que entonces os quedé,
la vida pondré, primero
que vos, siendo mía, paguéis
la culpa que no tenéis.

Don Álvaro   De vuestro valor lo espero;   895
si bien mi prisión no ha sido
lo que más siento, por Dios,
sino que perdí por vos

la ocasión que me ha traído
a esta tierra.

Soldado   No tenéis   900
que temer los dos morir,
pues siempre he oído decir,
y aun vosotros lo sabéis,
que si de una muerte son
dos los cómplices, no habiendo   905
más de una herida, y no siendo
caso pensado o traición,
uno muera solamente,
y que éste que muere sea
el de la cara más fea.   910

Alcuzcuz (Aparte.)   El que tal decir revente.

Soldado   Y así, el tal mudo este día,
de todos tres, morirá.

(Vase.)

Don Álvaro, Garcés, Alcuzcuz.

Alcuzcuz (Aparte.)   Claro estar, porque no habrá
cara peor que la mía   915
en el mundo.

Garcés   De vos creo
que aquesta merced me haréis,
ya que obligado me habéis.

Alcuzcuz (Aparte.)   ¡Ley ser morir el más feo!

Garcés   Quizá yo os podré decir   920
                          dél. ¿Cómo se llama?

Don Álvaro   No
                          lo sé.

Garcés   ¿En qué tercio llegó
                          a esta ocasión a servir?

Don Álvaro   No lo sé.

Garcés   ¿Qué señas tiene?

Don Álvaro   No sé.

Garcés   Pues bien le hallaréis,   925
                          si su nombre no sabéis,
                          ni señas, ni con quién viene.

Don Álvaro   Pues sin saberle las señas,
                          nombre, ni con quién está,
                          le he tenido hallado ya.   930

Garcés   No son enigmas pequeñas
                          las vuestras; pero no os dé
                          cuidado, pues en sabiendo
                          su alteza este caso, entiendo
                          que me dé vida, porque   935
                          me tiene a mí obligación
                          tan grande, que si no fuera
                          por mí, no entrara en Galera;
                          y esa perdida ocasión
                          hallar podremos los dos;   940
                          que de quien sois obligado,

	he de estar a vuestro lado al bien y al mal, vive Dios.	
Don Álvaro	En efecto, ¿que vos fuisteis el que entrasteis en Galera?	945
Garcés	¡Pluguiera a Dios no lo fuera!	
Don Álvaro	¿Por qué, si esa hazaña hicisteis?	
Garcés	Porque desde que yo en ella el primero puse el pie, no sé qué influjo, no sé qué hado, qué rigor, qué estrella me persigue, que no ha habido cosa que a la suerte mía, desde aquel infausto día mal no me haya sucedido.	950 955
Don Álvaro	¿De qué os nace ese recelo?	
Garcés	No sé, sino es de que allí muerte a una morisca di, y se ofendió todo el cielo, porque su hermosura era su traslado.	960
Don Álvaro	¿Tan hermosa era?	
Garcés	Sí.	
Don Álvaro (Aparte.)	(¡Ay perdida esposa!) ¿Cómo fue?	

Garcés   Desta manera.
                          Estando de posta un día,
                          entre unas espesas ramas,   965
                          que a los lutos de la noche
                          iban pisando las faldas,
                          prendí a un morisco. No quiero
                          (que éstas son cosas muy largas)
                          deciros que me engañó,   970
                          llevándome entre unas altas
                          peñas, adonde sus voces
                          convocaron la Alpujarra;
                          que huyendo dél, me escondí
                          en una gruta; pues basta   975
                          decir que ésta fue la mina,
                          que en una peña cavada,
                          monstruo fue que concibió
                          tanto fuego en sus entrañas.
                          Yo fui quien noticia della   980
                          traje al señor don Juan de Austria,
                          y yo fui quien al ingenio
                          la noche estuve de guardia,
                          yo quien de la batería
                          mantuve siempre la entrada   985
                          a la otra gente, y yo en fin
                          quien por medio de las llamas
                          penetré la villa, siendo
                          su racional salamandra,
                          hasta que llegué, pasando   990
                          globos de fuego, a una casa
                          fuerte, que sin duda era
                          de la gente plaza de armas,
                          pues por allí se avanzó toda.
                          Pero parece que os cansa   995

mi relación, y que no
tenéis gusto en escucharla.

Don Álvaro   No es sino que divertido
acá en mis penas estaba.
Proseguid.

Garcés   Llegué, en efecto,   1000
lleno de cólera y rabia,
a la casa de Malec
(que era en fin toda mi ansia
el palacio o casa fuerte),
al tiempo que ya su alcázar   1005
don Lope de Figueroa,
lustre y honor de su patria,
rendido tenía y sitiado
del fuego por partes varias,
y muerto al alcaide. Yo   1010
que entre el aplauso buscaba
el provecho, aunque mal juntos
provecho y honor se hallan,
ambiciosamente osado
discurrí todas las salas,   1015
penetré todas las piezas,
hasta que llegué a una cuadra
pequeña, último retrete
de la más bella africana
que vieron jamás mis ojos.   1020
¡Ah!, ¡quién supiera pintarla!,
mas no es tiempo de pinturas.
Confusa, al fin, y turbada
de verme, como si fueran
las cortinas de una cama   1025
de una muralla cortinas,

       detrás se esconde y ampara.
       Pero con llanto en los ojos,
       y sin color en la cara
       os habéis quedado.

Don Álvaro   Son   1030
       memorias de mis desgracias,
       muy parecidas a ésas.

Garcés   Tened, tened confianza,
       si es por la ocasión perdida:
       quien no la busca, la halla.   1035

Don Álvaro   Decís verdad. Proseguid.

Garcés   Entré tras ella, y estaba
       tan alhajada de joyas,
       tan guarnecida de galas,
       que más parecía que amante   1040
       prevenía y esperaba
       bodas que exequias. Yo viendo
       tal belleza, quise darla
       la vida, como al rescate
       saliese fiadora el alma.   1045
       Apenas, pues, me atreví
       a asirla una mano blanca,
       cuando me dijo: «Cristiano,
       si es más ambición que fama
       mi muerte, pues con la sangre   1050
       de una mujer más se mancha
       que se acicala el acero,
       estas joyas satisfagan
       tu hidrópica sed, y deja
       limpio el lecho, la fe intacta   1055

de un pecho, donde se encierran
misterios que aún él no alcanza.»
—Llegué a los brazos...

Don Álvaro   Espera:
escucha, detente, aguarda,
no llegues a ellos. —¿Qué digo?   1060
Mis discursos me arrebatan
la voz. Proseguid; que a mí
eso no me importa nada.

(Aparte.)   (¡Pluguiera a amor, pues más siento
ya el quererla que el matarla!)   1065

Garcés   Dio voces en la defensa
de su vida y de su fama:
Yo, viendo que ya acudía
otra gente, y que ya estaba
perdida la una vitoria,   1070
no quise perderlas ambas,
ni que los otros soldados
conmigo a la parte entraran;
y así, trocando el amor
entonces en la venganza   1075
(qué fácilmente el afecto
de un extremo al otro pasa),
arrebatado no sé
de qué furia, de qué saña
que me movió el brazo entonces   1080
(aun repetido es infamia),
o por quitarla una joya
de diamantes y una sarta
de perlas, dejando todo
un cielo de nieve y grana,   1085
la atravesé el pecho.

Don Álvaro   ¿Fue
como ésta la puñalada?

(Saca un puñal y hiérele.)

                         ¡Ay de mí!

Alcuzcuz   Aquesto estar hecho.

Don Álvaro   Muere, traidor.

Garcés   ¿Tú me matas?

Don Álvaro   Sí, porque esa beldad muerta,   1090
esa rosa deshojada,
el alma fue de mi vida,
y hoy es vida de mi alma.
Tú eres el que busco, tú
tras quien me trae mi esperanza   1095
a vengar a su hermosura.

Garcés   ¡Ah, que me coges sin armas
y con traición!

Don Álvaro   Nunca consta
de términos la venganza.
Don Álvaro Tuzaní,   1100
su esposo, es el que te mata.

Alcuzcuz   Y yo ser perro cristiano,
Alcuzcuz, que en la pasada
ocasión lievar alforja.

Garcés	¿Para qué vida me dabas	1105
	si me habías de dar muerte?	
	¡Ah posta, posta de guardia!	

(Muere.)

Don Juan de Mendoza, soldados. Don Álvaro, Alcuzcuz; Garcés, muerto.

Mendoza (Dentro.)	¿Qué voces son éstas? Abre	
	la puerta; que Garcés llama,	
	a quien yo vengo a buscar.	1110

(Salen Don Juan de Mendoza y soldados.)

        ¿Qué es esto?

(Quita Don Álvaro la espada a un soldado.)

Don Álvaro	Suelta esa espada.	
	Señor don Juan de Mendoza,	
	yo soy, si el verme os espanta,	
	Tuzaní, a quien apellidan	
	el rayo de la Alpujarra.	1115
	A vengar vine la muerte	
	de una beldad soberana;	
	que no ama quien no venga	
	injurias de lo que ama.	
	Yo en otra prisión a vos	1120
	os busqué, donde las armas	
	iguales los dos medimos,	
	cuerpo a cuerpo y cara a cara.	
	Si en esta prisión venís	
	a buscarme vos, bastaba	1125
	venir solo, pues que sois	

quien sois; que esto solo basta.
Pero si es que habéis venido
acaso, nobles desgracias
defiendan los hombres nobles: 1130
hacedme esa puerta franca.

Mendoza   Yo me holgara, Tuzaní,
que en ocasión tan extraña
con reputación pudiera
guardaros yo las espaldas;   1135
mas ya veis que hacer no puedo
al servicio del rey falta,
y es su servicio mataros
cuando en su ejército os hallan:
y así, he de ser el primero   1140
que os mate.

Don Álvaro   No importa nada
que la puerta me cerréis,
(Acuchíllanse.)   que yo la haré a cuchilladas...

Un soldado (Huye, y cae dentro.)
                 Muerto soy.

Otro   De los abismos
es furia que se desata.   1145

Don Álvaro   Ahora veréis que soy
el Tuzaní, a quien la fama
apellidará en sus triunfos
el vengador de su dama.

(Huyen los soldados.)

| Mendoza | Primero verás tu muerte. | 1150 |

| Alcuzcuz | Pregunto: el de mala cara,
¿es ley morir? |

Don Juan de Austria, Don Lope, y soldados. Don Álvaro, Don Juan de Mendoza, Alcuzcuz; Garcés, muerto.

| Don Lope | ¿Qué es aquesto?
¿Quién este alboroto causa? |

| Don Juan | Don Juan, ¿qué es esto? |

Mendoza	Es, señor, una cosa bien extraña.	1155
	Es un morisco que viene
	solo desde la Alpujarra
	a matar un hombre, que
	dice que mató a su dama
	en el saco de Galera,	1160
	y le ha muerto a puñaladas.

| Don Lope | ¿Tu dama había muerto? |

| Don Álvaro | Sí. |

Don Lope	Bien hiciste. Señor, manda
	dejarle; que este delito
	más es digno de alabanza	1165
	que de castigo; que tú
	mataras a quien matara
	a tu dama, vive Dios,
	o no fueras don Juan de Austria.

| Mendoza | Mira que es el Tuzaní, | 1170 |

Mendoza   Mira que es el Tuzaní,   1170
           y que será de importancia
           prenderle.

Don Juan   Date a prisión.

Don Álvaro   Aunque tu valor lo manda,
           no estoy dese parecer;
           y por tu respeto basta   1175
           que la defensa que intento
           sea volverte la espalda.

(Vase.)

Don Juan   Seguidle todos, seguidle.

(Éntranse todos siguiendo a Don Álvaro.)

Vista exterior de los muros de Berja.

Doña Isabel y soldados moriscos en el muro; después, Don Álvaro, Don Juan
de Austria y soldados.

Doña Isabel   Haz con esa seña blanca
           llamada al campo cristiano.   1180

(Sale Don Álvaro)

Don Álvaro   Entre picas y alabardas
           he rompido, hasta llegar
           a los pies desta montaña.

Un soldado (Dentro.) Antes que entre en la espesura,
           un mosquete le dispara.   1185

Don Álvaro   Todos sois pocos: cercadme.

Un morisco   A Berja subid.

Doña Isabel   Aguarda.
                    ¡Tuzaní, señor!

Don Álvaro   Lidora,
                    toda esa gente, esas armas
                    tras mí vienen.

Doña Isabel   Pues no temas.   1190

(Vanse del muro ella y los moriscos.)

Don Juan (Dentro.)   Tronco a tronco y rama a rama
                    talad el campo hasta hallarle.

(Salen Don Juan de Austria y soldados, y por otro lado Doña Isabel y moriscos.)

Doña Isabel   Generoso don Juan de Austria,
                    hijo del águila hermosa
                    que al Sol mira cara a cara,   1195
                    todo ese monte que ves
                    rebelde a tus esperanzas,
                    una mujer, si la escuchas,
                    viene a ponerle a tus plantas.
                    Doña Isabel Tuzaní   1200
                    soy, que aquí tiranizada,
                    viví morisca en la voz
                    y católica en el alma.
                    Mujer soy de Abenhumeya,

cuya muerte desdichada   1205
ensangrentó su corona
con su sangre y con sus armas;
porque viendo los moriscos
que general perdón dabas,
trataron rendirse: tal   1210
es de un vulgo la inconstancia,
que los designios de hoy
intentan borrar mañana.
Y viendo que Abenhumeya
con valor les afeaba   1215
su cobardía, al entrar
la compañía de guardia,
su capitán le tomó
las puertas, y hasta la sala
del dosel, entró diciendo: 1220
«Date por el rey de España.
—¿Prenderme a mí?», dijo entonces,
y al ir a empuñar la espada,
diciendo a voces la gente:
«¡Viva el sacro nombre de Austria!»   1225
Un soldado en la cabeza
empleó la partesana;
que como de la corona
juzgó vivir adornada,
fue capaz sujeto a un tiempo   1230
de la dicha y la desgracia.
Cayó en la tierra, y cayeron
con él tantas esperanzas
como suspenso tenían
el mundo con sus hazañas;   1235
que al amago antes que al golpe,
pudo titubear España.
Si el venir, señor, adonde,

puesta a tus heroicas plantas
del valiente Abenhumeya   1240
la corona ensangrentada,
te merecen un perdón, puesto
que hoy a los demás alcanza;
goce de su indulto el noble
Tuzaní; que yo postrada   1245
a tus pies, más que el ser reina
estimara ser tu esclava.

Don Juan   Poco has pedido en albricias:
hermosa Isabel, levanta.
Viva el Tuzaní, quedando   1250
la más amorosa hazaña
del mundo escrita en los bronces
del olvido y de la fama.

Don Álvaro   Dame tus pies.

Alcuzcuz   Y mé ¿estar
perdonado?

Don Juan   Sí.

Don Álvaro   Aquí acaba   1255
Amar después de la muerte
y el sitio de la Alpujarra.

Fin de la comedia

Libros a la carta

A la carta es un servicio especializado para
empresas,
librerías,
bibliotecas,
editoriales
y centros de enseñanza;
y permite confeccionar libros que, por su formato y concepción, sirven a los propósitos más específicos de estas instituciones.
Las empresas nos encargan ediciones personalizadas para marketing editorial o para regalos institucionales. Y los interesados solicitan, a título personal, ediciones antiguas, o no disponibles en el mercado; y las acompañan con notas y comentarios críticos.
Las ediciones tienen como apoyo un libro de estilo con todo tipo de referencias sobre los criterios de tratamiento tipográfico aplicados a nuestros libros que puede ser consultado en Linkgua-ediciones.com.
Linkgua edita por encargo diferentes versiones de una misma obra con distintos tratamientos ortotipográficos (actualizaciones de carácter divulgativo de un clásico, o versiones estrictamente fieles a la edición original de referencia).
Este servicio de ediciones a la carta le permitirá, si usted se dedica a la enseñanza, tener una forma de hacer pública su interpretación de un texto y, sobre una versión digitalizada «base», usted podrá introducir interpretaciones del texto fuente. Es un tópico que los profesores denuncien en clase los desmanes de una edición, o vayan comentando errores de interpretación de un texto y esta es una solución útil a esa necesidad del mundo académico.
Asimismo publicamos de manera sistemática, en un mismo catálogo, tesis doctorales y actas de congresos académicos, que son distribuidas a través de nuestra Web.
El servicio de «libros a la carta» funciona de dos formas.
1. Tenemos un fondo de libros digitalizados que usted puede personalizar en tiradas de al menos cinco ejemplares. Estas personalizaciones pueden ser de todo tipo: añadir notas de clase para uso de un grupo de estudiantes, introducir logos corporativos para uso con fines de marketing empresarial, etc. etc.

2. Buscamos libros descatalogados de otras editoriales y los reeditamos en tiradas cortas a petición de un cliente.